国家自然科学基金项目"企业创新模式对技术创新的影响机制：基于我国医药行业的实证研究（2018–2020）"（编号：71702135）

武汉大学经济与管理学院"双一流"学科建设项目

陈昊雯 ◎ 著

管理者关系
与
机会捕获

不同制度环境下资源储备与
组织结构的调节作用研究

中国社会科学出版社

图书在版编目（CIP）数据

管理者关系与机会捕获：不同制度环境下资源储备与组织结构的调节作用研究/陈昊雯著. —北京：中国社会科学出版社，2018.9
ISBN 978 - 7 - 5203 - 2921 - 7

Ⅰ.①管… Ⅱ.①陈… Ⅲ.①企业管理—研究 Ⅳ.①F272

中国版本图书馆 CIP 数据核字（2018）第 172968 号

出 版 人	赵剑英
责任编辑	刘晓红
责任校对	周晓东
责任印制	戴 宽

出　　版	中国社会科学出版社
社　　址	北京鼓楼西大街甲 158 号
邮　　编	100720
网　　址	http://www.csspw.cn
发 行 部	010 - 84083685
门 市 部	010 - 84029450
经　　销	新华书店及其他书店

印　　刷	北京明恒达印务有限公司
装　　订	廊坊市广阳区广增装订厂
版　　次	2018 年 9 月第 1 版
印　　次	2018 年 9 月第 1 次印刷

开　　本	710×1000　1/16
印　　张	12.5
插　　页	2
字　　数	169 千字
定　　价	58.00 元

前　　言

在我国经济转型时期，大多数企业面对着由不断变化的市场需求及不断调整的经济制度所导致的高度不确定的环境和与此伴随产生的大量机会。在这样的环境下，更好的机会捕获对企业有着重要的意义。作为正式制度的补充和获取外部资源的途径，管理者关系是影响企业机会捕获的重要原因之一。同时，由于我国市场化进程的不一致，导致各个区域的市场化程度存在差异，企业所处的制度环境不尽相同，在这种情况下，企业应该根据自己所处的特殊制度环境来合理利用和构建管理者关系，从而更好地进行机会捕获。而商业关系和政治关系作为中国企业最重要的两种管理者关系，对企业的机会捕获又会产生什么样不同的影响呢？在不同的制度环境下会有不同的作用吗？目前的研究并没有涉及这些问题。

另外，除了需要关注企业与外部实体构建的管理者关系对机会捕获的重要影响外，企业内部的资源储备和组织结构会对管理者关系作用的发挥产生影响吗？企业应该如何利用这些内部资源基础来与管理者关系产生协同作用，从而更高效地捕获机会，也是一个值得关注的问题。

针对目前研究的不足与空白，本书主要分析了管理者关系对企业机会捕获的影响，检验了企业资源储备和组织结构对这一关系的调节作用，同时比较了在中国不同的制度环境下，这些关系的差异。在模型构建中，针对我国因制度和经济转型而产生的特殊环境，结合制度理论、社会资本理论、资源基础理论和机会捕获相关文献，本书首先区分了管理者的商业关系和政治关系对与企业机会捕获的不同影响，然后，针对我国中西北部等市场化程度较低地区和东南沿海等市场化程度较高地区的具体差别和现有研究的不足，分析了管理者关系在这两个区域中发挥的不同作用，分别探讨了企业的资源储备和组织结构对管理者关系和机会捕获这一关系的调节作用。通过变量构建、数据收集和模型验证，本书提出的概念模型在总体上得到了验证，假设基本上都通过了检验。总的来说，本书达到了预期的研究目的，对前人的研究和一些理论观点进行了深化，并用实证结果支持了以往研究中的观点，同时也提出了一些新的观点，实现了对现有理论的深入和扩展。另外，本研究的结论也回答了文章开头提出的现实问题，对企业的管理实践和政府政策的制定有一定的指导意义。

对比现有研究，本书的创新性工作主要体现在以下几个方面：

第一，结合社会资本理论和制度理论，以及中国经济制度转型情境下的现实情况，本书为企业机会捕获找到了一个全新的且有重要意义的前因变量——管理者关系，并区分了不同类型的管理者关系对于企业机会捕获的不同影响，将管理者的商业关系和政治关系的不同作用进行了具体的分析。以往对于机会捕获的研究主要停留在个体层次上，本书将这一研究问题扩展到更高层面，站在企业与外部企业构建的管理者关系形成的社会资本的角度，分析了企业机会捕获的影响因素，并证明企业应区别对待两种管理者关系来更好地利用它们进行机会捕获。

第二，由于我国市场化进程的不一致，导致区域之间面临不同的制度环境，本书具体分析了位于不同位置企业的管理者关系对于机会捕获的不同作用。管理者关系作为一种非正式制度是正式制度的一种重要的补充，但本书研究表明，随着市场化进程的深入以及制度的不断完善，管理者关系的作用并不会减弱，而是会产生不同的影响。通过理论分析和实证检验，本书重点比较了中国中西北部等市场化程度较低地区的企业和东南沿海市场化程度较高地区的企业管理者的商业关系和政治关系对机会捕获带来的不同影响。据此进一步地完善和补充了制度理论和社会资本理论的相关内容，并对机会捕获的相关研究提供了新的思路。

第三，本书进一步研究了企业内部的资源储备和组织结构对管理者关系和机会捕获这一联系的调节作用。企业与外部实体如顾客、供应商或政府官员建立关系，既是一种获取外部资源的渠道和途径，也是机会捕获的重要影响因素，这样一种外部联系与企业内部的资源也会产生协同作用。同时，由于企业所处位置不同，面临的制度环境不尽相同，导致企业的资源储备情况和组织结构各异，企业应合理利用这些内部资源基础来让管理者关系更好地发挥作用，从而更好地捕获机会。因此，本书继续分析了企业内部资源储备和组织结构的调节作用，进而指导企业更好地结合自身资源特点和管理者关系来进行更为有效的机会捕获。

第四，本书实证检验了不同制度环境下管理者关系对企业机会捕获的作用，以及企业的资源储备和组织结构对这一关系的调节作用，将制度理论、社会资本，以及机会捕获的相关研究整合到一个大的理论框架之下，丰富了每个单一理论的内涵。尤其是将机会捕获的研究从单一的个体层面扩展到了企业层面，综合考虑社会资本理论和制度环境，对企业更好地捕获机会以及相关理论研究都有一定贡献。

目　录

第一章 绪论

古往今来，无论中外，对于机会的把握和开发一直是人们关注的话题。什么是机会，机会存在于何处，如何从繁杂多变的市场环境中发现并捕获富有潜在价值的商业机会，进而开发并最终转化为企业价值，无论是对新创企业还是成熟企业来说，都是需要时刻关注的核心问题。在经济全球化的大背景下，日趋激烈的市场竞争以及飞速的技术进步导致企业所面临的环境具有高度不确定的特征和大量珍贵却转瞬即逝的机会。同时，我国正处在由计划经济向市场经济转型的过渡时期，使企业所面临的制度环境同样具有不确定性。制度环境的快速变化改变了企业赖以生存的经营模式，也给企业带来了更多的机会和挑战。在这样的情形下，企业更高效地捕获机会就成为企业应对竞争环境所带来挑战的重要手段，也成为企业提高竞争力和获取新的增长源泉。在竞争日益激烈和充满不确定的环境中，不能很好地捕获转瞬即逝机会的企业是无法生存的。中国有语俗语，机会是留给准备好的人。然而，目前我国企业把握机会的能力并不出众，且外部环境支持不足，这些问题在很大程度上限制了企业在复杂多变的环境下生存和发展，已经成为制约我国经济发展的"瓶颈"。因此，研究如何有效地推动企业更有效地捕获机会有着重要的价值。

另外，虽然我国制度转型一直在持续进行，且市场化进程也初见成效，但是管理者关系作为正式制度的一种补充，和最重要的外部资源获取方式的途径之一，对企业的发展和把握机会仍然有非常重要的影响，因此也和正式制度一起成为企业机会捕获的重要影响因素。然而，中国大陆由于市场化进程并不一致，早期的改革开放始于上海、深圳等东部沿海大城市，随后才逐步向中西部地区扩张，由于经济发展的不均衡，东南沿海地区和中西部地区的制度环境不尽相同，企业处在不同的制度和市场环境下，构建管理者关系并利用这一关系来高效地捕获机会也会有不同的情况产生。在这样的背景下，本书会根据所处不同制度环境下的企业来具体分析其利用管理者关系进行机会捕获的问题。

同时，企业也积极地通过资源基础的积累来为自身营造一个合适的生存与发展空间。管理者关系作为一种社会资本，是企业通过与外部实体构建联系而获得资源的一种途径，企业自身所拥有的资源基础可能与这种社会资本产生协同效应，这在一定程度上影响管理者关系对机会捕获作用的发挥。企业的资源基础可以分为资源储备以及这些资源的运作方式即企业的组织结构两大类，具体来说，企业的人员、设备和资金储备是构成企业资源储备的三个主要构成部分，而组织是有机的还是机械的组织结构决定了企业对资源运作的基本方式。由于市场经济发展的不一致，企业资源储备程度和组织结构的模式在中国中西北部地区和中国东南沿海地区也不尽相同，处于不同位置的企业如何将自身的资源基础与管理者关系更好地结合起来以更高效地捕获机会，是每个企业都会考虑的问题。因此，不同类型的管理者关系，如商业关系和政治关系对企业机会捕获有何不同的影响？当企业所处的制度环境不同时，这种影响会有不同吗？另外，企业本身的资源储备和组织结构会影响到管理者关系作用的发挥吗？如果会，这种影响是怎样的？会不会因为企业所处的制度环境不同而不同呢？

根据上述背景和问题，可以清楚地看到，当企业处于不同的制度环境时，管理者的商业关系和政治关系如何去影响企业的机会捕获已经成为理论研究和企业经营活动中所需要解决的重要问题。因此，在不同的制度环境下（市场化程度较低地区 vs 市场化程度较高地区）分析两种不同的管理者关系对机会捕获的不同影响，并综合考虑企业资源基础（资源储备和组织结构）对这一关系的调节作用，是非常具有理论和现实意义的研究课题。深入地研究这些问题，能够给中国企业更好的指导，以帮助其更好地捕获机会，同时也能给我国企业实践提供非常重要的指导意义。

第一节 研究的现实背景

一 机会捕获对企业的意义

经济体制转型和环境不确定导致的快速变化改变了企业赖以生存的经营模式，也给企业带来了更多的机会和挑战。

以中国汽车产业为例，目前的北美和欧洲市场并不稳定，特别是现在欧洲汽车市场正在经历由于政策刺激而造成大幅增长的下跌期，更加给欧洲汽车等传统行业雪上加霜的是，欧元区经济逐渐复苏，且美元持续走低，西方发达国家的汽车市场呈萎缩状态，对整车出口的打击很大。正是这些不利因素给吉利汽车带来了机会，在美国次贷危机爆发的时候，吉利集团耗费约两年时间全资并购了沃尔沃汽车集团。北美的次贷危机造成了一系列不良后果，包括信贷紧缩、消费者信心下降等，给全球汽车产业都造成了巨大的冲击。我国汽车产业虽然发展较慢起步也晚，但是同样没能在这次次贷危机中独善其身。正是由于这次北美次贷危机给全球汽车市场的打击，导致全球汽车企业面临的市场竞争越发激烈。金融危机爆发时，正时值中国的汽车行业步入产业结构调整的重要阶段，本来就磕磕绊绊的产业结构调整随着金融危机的席卷而来更加显得举步维艰。涉及面广，持续时间长的北美次贷危机使全球的整车产销量有明显的跌幅，行业中的整体收益率也呈现出持续下跌的趋势。由于市场环境瞬息万变，汽车产业的前景变得模糊，暂时没有主导性产品出现。然而，伴随着巨大的危机出现的往往是有利可图的机会。浙江吉利集团作为中国发展最快的汽车制造商之一，在 2010 年 3 月

28 日与福特汽车在瑞典哥德堡签署了最后的股权收购协议,以 18 亿美元获得沃尔沃轿车公司 100% 的股权以及相关资产(包括知识产权),即完成了对沃尔沃轿车公司的全资收购。此次并购具体包括沃尔沃汽车 9 个系列的产品(基本涵盖了沃尔沃在全球范围内销售的所有车型)、3 个平台(P1 平台专门生产紧凑型轿车,P2 平台生产大中型轿车,P24 平台生产大型轿车),以及 2000 多个全球网络。这是中国民营企业近年来在海外最大的一起知名企业收购案,凭借良好的政府关系获得的资金以及税收等各种强有力的支持,吉利集团成功把握住了海外汽车市场低迷的机会,吉利集团一举成为中国和全球汽车制造业耀眼的明星[①]。

在中国能与吉利汽车比肩的,就属深圳的比亚迪集团了。比亚迪集团董事长王传福先生另辟蹊径,但同样走上了一条康庄大道。2010 年 5 月 27 日上午,比亚迪与戴姆勒在比亚迪深圳基地举行"深圳比亚迪戴姆勒新技术有限公司"挂牌仪式,合资公司注册资本为 6 亿元,双方各占一半股权。在戴姆勒和比亚迪的协议中规定,两家企业会共同发展其创立和拥有的品牌,其最主要的合作目标就是在未来几年内能够合作推出全新的电动汽车,并能够取得一定的市场份额。戴姆勒和比亚迪合作研发的新一代电动汽车会将梅赛德斯奔驰在电动汽车结构、安全领域的专有技术以及比亚迪的汽车电池和驱动技术结合起来[②]。依靠良好的商业伙伴关系,比亚迪也在这次涌现的机会浪潮中分得了一杯羹。

二 管理者关系的重要作用

自 20 世纪 80 年代开始,中国进行了持续的制度改革,使得中国整体的制度框架和制度环境发生了巨大的变化,这一变化对企业家的行为和企业的成长、经营战略,管理模式等产生了重要的影响。在这些正式的限制性因素中,最明显的变化是中央计划体制的

---

① 陈昊雯、李垣、刘衡:《联盟还是并购:基于环境动态性和企业家精神调节作用的研究》,《管理学报》2011 年第 8 期。
② 王晓辉:《奔驰联姻比亚迪悬疑待解》,《时代汽车》2010 年第 6 期。

逐步解体，换之为更加市场化的、有利于经济交换的体制。与此同时，可以保证市场经济体制健康发展的相对完善的知识产权保护体系，以及法律条款等都还没有真正地建立起来，可以说，我国市场正式的约束建立得并不完善，而且政府干预行为仍然存在，经济和产业政策也并不稳定。按照世界银行的说法，"一个分散的市场经济在没有完善的商业法律体系的情况下就不可能稳定地运行"，缺少正式的制度约束将导致高交易成本。

在这样一个正式制度约束较弱的环境中，非正式制度约束（如管理者关系）在促进经济交易过程中可能起到更为重要的作用。"在中国，认识的人比你了解的知识更重要"①。转型经济条件下，政府依然掌握着大量资源，如扶持基金和土地，这种情况下，想要优先获得银行贷款等资源，得到政府的支持是非常关键的因素之一。同样，政府采购是很多企业的重要收入来源，且好多工程都是政府作为业主进行招标，与政府建立良好的关系显得十分必要。企业要想获取这些资源和项目，通过公共关系策划与政府部门建立关系是必不可少的，只有这样才能让政府更加了解企业、关注企业，从而把资源或者项目放心地交给企业。更为重要的是，转型经济条件下，由于外部市场环境波动较大，无论是顾客需求还是供应商的数量都难以准确预测，这种情况下政府制定的有关市场方面的政策法规也会不时变动。这时企业为了获得来自政府部门的信任，必须给政府作出一定的较为正式的承诺，即它们会去积极地响应政府部门的号召，并可以主动地摆出一个较高的姿态去为政府分担很大一部分的社会责任。通过这种途径与政府部门建立关系，有利于企业与政府的沟通，从而了解政府相关政策法规的变化、了解政府对企业的指导政策。

除了与政府部门建立关系以外，企业还需要与其他企业（如供

---

① Yeung Irene Y. M. and Tung R. L., "Achieving business success in Confucian societies: The importance of 'guanxi' (connections)", *Organizational Dynamics*, Vol. 25, No. 2, 1996.

应商和客户）建立良好的关系。在制度、经济的转型时期，很多企业缺乏资金和技术来源，通过与其他企业建立良好的关系，可以获得资金和技术的支持。企业还可以通过与顾客的关系及时了解市场信息，追踪市场动向，分析消费者心理，及时调整产品结构，以适应市场需求的变化。此外，有些初创企业没有知名度，通过与知名企业建立关系，成为其供应商可以建立企业的正统性，迅速为市场所熟悉和接受。这里需要指出的是转型经济的制度缺失是企业通过建立关系进行合作的重要原因。由于转型经济条件下，法制体系不完善导致企业间诚信的缺失。从统计数据来看，我国当前每年合同的拟订量约为四十亿份，价值超过百万亿元，但合同的履行率却只有五成，某些地区甚至不到三成。自《经济合同法》实施以来，违约率在逐渐下降，但是企业的信用仍然没有很好的约束。据不完全统计，中国企业每年因信用缺失而导致的直接和间接经济损失高达6000亿元。一些企业为了防止受骗，在市场交易中只好步步为营，如履薄冰。企业间的社会关系为企业提供了一种了解合作伙伴的途径，有利于彼此之间信任关系的建立，因此许多企业更愿意与具有良好社会关系的企业进行合作。

尽管随着改革开放的不断深入我国已经建立了高效的商业基础设施，因此改变了传统的关系在企业运作过程中的作用。但是，由于我国依然处于转型时期，产权和法律体系需要进一步完善，企业仍然需要通过与政府部门和其他企业建立关系来弥补制度的缺陷。中国企业家面对知识经济的挑战，需要善于去捕获转瞬即逝的机会，来使企业进一步的发展和繁荣。但是，中国企业通常缺乏必要的技术和资源，需要充分利用和借鉴其他企业的经验、技术和知识，或者从政府部门得到资源帮助。在转型时期，由于制度的缺失许多企业利用其建立的社会关系来帮助其获取技术和资源，以此作为捕获机会的基础，因为"机会总是给有准备的人"。因此，在转型经济条件下，企业建立的社会关系可能对企业家的机会捕获产生影响。

三 我国制度环境的现状

在过去的近四十年中（1978 至今），我国进行了由计划经济体制向社会主义市场经济体制过渡的制度转型。我国的制度改革大体是沿着如下两条线索进行的：①实行简政放权，扩大企业自主权，实现政企分离；②改变政府管理经济的方式，从行政命令的直接控制转变到运用经济杠杆调节经济。从全国范围来看，我国区域经济增速一直呈现"东高西低"的格局，东部地区生产总值（GDP）增速始终领先中西部地区。我国区域间制度经济环境的差异基本表现在如下四个层面：

（一）沿海与内地经济发展的差距

从我国成立之初到改革开放前的 30 年中，中国政府的主要发展策略是追求全国各地平衡的发展，即对于偏远的和相对落后的地区进行各种政策扶植，财政税收政策等也有较为明显的倾斜，但事实证明这种政策远没有达到预期效果，反而付出了很大的代价。由于之前均衡发展的政策失败，改革开放的浪潮随之席卷而来，并于 1978 年正式开始实行改革开放的政策，在之后的几十年中，我国区域经济的发展随着改革开放战略的实施产生了重大转变，即之前一直被强调的平衡发展战略被抛弃，邓小平提出的"让一部分人先富起来"使区域间发展的不均衡变得越来越明显。作为改革开放的试点地区，我国东南沿海地区得到了明显的政策倾斜，加上地理位置本身的优越，在改革开放后得到了快速发展，区域间经济发展的不平衡也进一步的扩大，东南沿海地区与我国中西部内陆地区的市场经济发展状况的差异进一步加大。从我国各地区生产总值的统计数据中能清楚地看到差异，例如，2003 年广东省为 13626 亿元，约相当于 10 个贵州（1365 亿元）或 35 个青海（390 亿元）；从人均地区生产总值来看，2003 年浙江为 20147 亿元，四倍于甘肃，五倍甚至六倍于贵州。经过十年的经济制度改革和市场化的深入发展，我国中西部地区与东南沿海地区差距虽然有所缩小，但依然差异明显，2012 年广东省为 57067 亿元，相当于 10 个甘肃省（5650 亿元）或30个青海省（1884亿元）。从人均生产总值来看，2012年江苏省人均GDP为68436元，2倍于山西（33712元），甚至3倍于贵州（19608元）。

（二）东部、西部经济发展的差距

胡焕庸教授是我国著名的人口地理学家，他最为著名的成果就是用他名字命名的一条用于描述我国自然、人口和经济分部不均衡情况的线——胡焕庸线。这条线很好地概括了我国东西部地区的地理分界，具体来说，接近直线的胡焕庸线的两端分别是东北黑龙江省瑷珲县和西南云南省腾冲县，将中国一分为二形成东部和西部这两个国土面积基本相近，但人口、经济等却迥然不同的两个部分。这条线是在20世纪30年代提出的，那时西部地区人口只占我国总人口的3.7%；剩下的绝大多数中国人口都分布在了我国东部地区。目前，对我国区域经济的划分主要是按照行政省区，辅之以经济发展水平，而东部地区与中西部地区的经济发展水平有着较为明显的差异。

（三）省区之间经济发展的差距

反映我国省区之间经济发展差距最明显的数据就是各个地区的生产总值和工业生产总值等统计数据。例如，2012年地区生产总值中，最高的广东达57100亿元，最低的西藏只有701亿元，广东是西藏的81.5倍。2011年地区工业总产值，前五位的江苏、山东、广东、浙江、河南分别为107680.68亿元、99504.98亿元、94860.79亿元、56410.48亿元、46856.14亿元；后五位的西藏、海南、青海、宁夏、贵州分别只有74.85亿元、1600.13亿元、1893.54亿元、2491.44亿元、5519.96亿元，后五位都在10000亿元以下，前五位都在100000亿元以上。

（四）南北之间经济发展的差距

类似于我国东西部地区的区域间经济的差异，我国南北部地区的经济发展也有一定差异，但这种差异却不如东西部地区差异那么明显。随着改革开放的深入发展，我国南方地区的经济得以复苏并呈现高速发展的趋势，在人均GDP年均增长速度、人均GDP的绝对值这两个关键指标上都超过了曾经一直处于领先地位的北方地区。南方地区经济的迅猛发展使我国南北地区间的静态不平衡差迅速扩大，且有进一步扩大的趋势。素来享有"辽老大"美誉的辽宁省，以及黑龙江和吉林省等以前在我国北部地区领跑的大省近年来在我国经济发展水平的排名上都逐步下降。

第二节　研究的理论背景

一　机会捕获的研究

现有研究中一般倾向于将机会捕获的影响因素归结到企业家的自身能力上，但通过结合现实背景和对以往文献的归纳进行深入思考后可以发现，以往研究大多聚焦在表面而忽略了更深层次的问题，即如何站在企业层面上创造性地整合资源去捕获机会从而创造更高的价值。当企业所在的市场中出现了具有高潜在价值的机会时，很多企业往往却缺乏足够能开发这些特定机会的资源，在这种情况下企业家们如何通过获取外部资源来创造性地整合内外部资源，开发并捕获机会，以进一步创造价值是值得持续深入研究的问题。

张玉利等学者的研究中提出机会导向是企业家精神研究中的核心问题。机会导向是指企业家在不局限于企业现有资源的情况下，识别、捕获、开发和利用机会并创造价值的行为[1]。发现并捕获机会不是一瞬间的过程，还包括持续的准备、探索，以及机会出现后的筛选和提炼等过程。科林斯通的研究发现，很多企业能够从优秀到卓越，除了能够发现大量的机会，更重要的是选择和捕获并合理利用这些机会。他的研究强调，在研究机会识别和捕获时应重点关注资源本身与企业间的相互关系和匹配程度，举个例子，企业中员

---

[1]　张玉利、陈寒松、李乾文：《创业管理与传统管理的差异与融合》，《外国经济与管理》2004 年第 5 期。

工的知识储备与市场中产生的机会之间的匹配；在机会捕获的过程中，企业中重点员工掌握的知识与市场中机会所具有的特征匹配；企业中所拥有资源、能力与能使企业走上成功之路的战略之间的匹配；新的潜在的机会具有的特征和目前客户体验之间的匹配等。目前，机会捕获的相关研究的要点，就是要论证上述这些联系是否都需要完全地对应。

皮·戴维森（Per Davidsson）等学者也得出了类似的研究结论，他认为，最开始的发现、识别机会后，更重要的过程应该是对机会的捕获、利用过程，这个过程需要解决资源获取和新资源整合的问题①。"最初发现"（initial discovery）是一种创业活动，发现之后的"协调"（coordination of ongoing activity）行为对象是正在继续的活动，完全属于管理的范畴，但这两个活动之间的界限相对模糊，在很多情况下存在着交叉。从近些年的管理实践和理论研究的发展趋势上来看，两者逐渐呈现融合的趋势。

洛厄尔·布森尼兹（Lowell Busenitz）等学者认为，未来的研究需要在机会以及相关领域开拓，深入分析机会捕获与企业其他重要因素之间的关系，以此深入揭示机会捕获这种新价值创造过程的运作方式②。基于上述分析，本书认为，机会捕获是企业创造价值的一个核心问题。下面将以机会捕获这一核心要素为主线，建立理论模型来描述其他要素与机会捕获的关系，从而帮助企业更好地利用自身资源去成功地捕获机会。

二 管理者关系的研究

竞争环境日趋动态激烈的今天，越来越多的企业发现自己在获得和开发机会的过程中，容易陷入企业现有资源和能力不足支持新战略的困境。为了超越竞争者，企业会更多地通过与其他企业甚至

① Davidsson P and Honig B, "The role of social and human capital among nascent entrepreneurs", *Journal of Business Venturing*, Vol. 18, No. 3, 2003.

② Busenitz L. W., West G. P., Shepherd D., et al, "Entrepreneurship research in emergence: Past trends and future directions", *Journal of Management*, Vol. 29, No. 3, 2003.

与其长期竞争者以不同的形式合作的方式寻求企业所需的资源，提高内部资源与能力的应用效率，更好地实现机会捕获。这些合作形式既包括战略联盟等正式网络的建立，也包括通过管理者人际关系进行合作等非正式网络的建立。

在这种背景下，社会资本理论指出：企业间的社会资本对于促进外部资源获取，实现创新起到了重要作用，许多研究表明与其他企业和部门之间的关系增加了获取相关信息、知识与技术的可能性[①]。此外，社会资本增加了信息处理能力，使得内部资源能够更好的流动、转移和应用。在中国转型经济背景下，企业社会资本的主要表现为管理者关系（managerial ties），即"管理者的边界扩展（boundary – spanning）活动及与其关联的与外部实体的交互"[②]。在现有文献中，学者们重点关注到两类重要的管理者关系（business ties）：①企业管理者与商界的关系，即商业关系。例如与客户、供应商建立的管理者关系。②企业管理者与政府或政府官员的关系，即政治关系（political ties）。作为边界扩展者，管理者通过与企业所依赖的水平外部实体建立关系以更好地工作。例如，与客户的关系可带来更好的客户满意度和保持度。与供应商的紧密关系能够帮助企业获取高质量的原材料、产品服务，以及及时的发货。此外，尽管市场机制渐渐被引入中国经济中，政府的监管体制仍然对企业运作有不可忽视的影响。因此，企业的高层管理者仍然需要通过建立政府关系来获取政策支持和保护。

大量研究表明，在影响企业绩效和竞争优势的诸多因素中，企业家所拥有的管理者关系发挥着非常关键的作用。在管理者关系领域中，彭维刚（Mike Peng）和陆亚东（Yadong Luo）在 2000 年发表的 *Academy of Management Journal*（《美国管理学会学报》）上关于

---

① Luo Y. , "Industrial dynamics and managerial networking in an emerging market: The case of China", *Strategic Management Journal*, Vol. 24, No. 13, 2003.

② Geletkanycz M. A. , Hambrick D. C. , "The external ties of top executives: Implications for strategic choice and performance", *Administrative Science Quarterly*, Vol. 42, No. 4, 1997.

管理者关系的论文具有开创性，他们的研究发现管理者与其他企业管理者的商业关系、管理者与政府官员的关系都与企业绩效正相关，且这种正向关系会受到企业的所有权类型、行业分类、企业规模以及行业增长率的影响①。在这时候的十年间，涌现出了大量的关于我国管理者关系的研究，具有代表性的研究有：李娟的研究发现，对在中国经营的外商投资企业来说，管理者网络也与其绩效存在正相关关系②。李海洋和张燕的研究样本是184家技术创新企业，他们的论文结论是管理者与政府官员的关系与中国转型时期新创企业的绩效存在显著正相关关系，并且在不良竞争程度越高的环境中，政治网络对企业绩效的影响越大③。张燕和李海洋发现，企业的管理者关系强度可以正向地促进企业绩效。同时，由于我国市场经济转型的不断发展和成熟，企业管理者越来越倾向于建立商业关系，而政治关系等支持性关系的作用则逐步减弱，所以，他们的结论还显示出商业关系相对于政治关系来说能够更好地促进企业绩效④。还有学者的研究发现，管理者关系对于财务绩效的作用，除了受到外部环境的调节作用外，还受到企业类型的影响。由于缺乏对关系使用的经验和能力，外资企业的管理者关系与外商投资企业绩效存在倒"U"形关系。从上述分析可见，学者们普遍认同管理者关系在中国转型经济时期对企业发展至关重要，但这种影响会因企业规模的不同、性质的不同、企业所处环境的不同而体现出一定的差别。

三 制度环境的研究

制度对经济、社会产生了深远的影响，已经成为企业战略分析

---

① Peng M. W. , Luo Y. , "Managerial ties and firm performance in a transitioneconomy: the nature of a micro – macro link", *Academy of Management Journal*, Vol. 43, No. 3, 2000.

② Li J. J. , "The formation of managerial networks of foreign firms in China: The effects of strategic orientations", *Asia Pacific Journal of Management*, Vol. 22, No. 4, 2005.

③ Li H. , Zhang Y. , "The role of managers' political networking and functional experience in new venture performance: Evidence from china's transition economy", *Strategic Management Journal*, Vol. 28, No. 8, 2007.

④ Zhang S. , Li X. , "Managerial ties, firm resources and performance of cluster firms", *Asia Pacific Journal of Management*, Vol. 25, No. 4, 2008.

中的要素，制度理论也就被用来解释制度因素对企业的影响。在转型经济环境中，制度在企业战略选择过程中发挥了重要作用。彭维刚等学者的研究中指出，由于制度环境的约束，一般性的内部扩张以及兼并和收购方式的扩张都不是转型经济环境中企业合理的战略选择，而最优的方式则是建立组织间的关系来进行扩张①。彭维刚更进一步地将制度转型划分为两个阶段并得出了如下的结论：在制度转型的第一阶段，在职企业更多地使用网络战略而不是依赖自身的资源和能力；而创业企业会同时使用网络战略的资源和能力，这就迫使没有建立庞大社会关系网的企业家去更多地利用自身的资源和能力；选择联盟和合资方式进入外资企业相对于独资企业更多地使用网络战略，独资企业更多地利用其资源和能力，而且多数外资企业会采用联盟和合作的市场进入方式。在制度转型的第二个阶段，规模小、成立时间短、拥有外资或由缺乏社会关系的企业家领导的在职企业会更多地利用自身的资源和能力，其余的在职企业依然会采取网络战略。在第一阶段成立的企业主要采用资源和能力战略，新创企业依然同时采用网络战略和资源、能力战略；独资的外资企业会更多地利用资源和能力在市场上竞争，更多的外资企业会采用独资方式进入市场②。

政府在制定制度等方面所拥有的权力使政府对企业日常经营行为产生重要影响。在这样的情形下，企业就会采取相应的行动来影响政府，使政府最终制定的政策对自己有利。于是一个新的研究领域应运而生：企业政治战略（corporate political strategy）。企业政治战略重点分析企业应当采取什么样的方式和手段来对政府和政策制定施加影响，消除政府政策对企业的冲击，为企业营造一个良好的

①　Peng M. W., Heath P. S., "The growth of the firm in planned economies in transition: Institutions, organizations and strategic choice", *Academy of Management Review*, Vol. 21, No. 2, 1996.

②　Peng M., "Institutional transitions and strategic choices", *Academy of Management Review*, Vol. 28, No. 2, 2003.

制度环境。企业影响政府政策制定的行为与策略运用直接关系到企业经营业绩及竞争力，企业在政策与法规形成的初期以及形成的过程中，就会采取一些合法的手段给相关的政府部门和领导施加影响，有能力的企业不会坐以待毙，被动地受即将出台的法律、法规或政策的约束。克里斯汀·奥利弗（Christine Oliver）将企业政治战略引入战略管理的研究中①。艾米·希尔曼（Amy Hillman）和迈克尔·希特（Micheal Hitt）提出了一个企业影响政府战略选择的研究框架，分析了企业在影响政府过程中的方式、目标、行为等的选择，以及影响各种选择的因素②。希尔曼与他的合作者在其论文中首先总结了前人对企业政治战略的研究成果，然后归纳出影响企业政治战略的重要因素及具体影响③。企业影响政府能力可以看作企业重要的动态能力，与之对应的有四种不同的政治战略：反应型战略（通过提高企业能力来应对制度的变化）、预测型战略（提前对制度的变化进行分析并做好准备）、防御型战略（采取各种行为来保持制度的稳定）和前摄型战略（对制度制定施加影响，使其向对企业最好的方向发展）。

在我国经济转型的背景下，政府在分配资源、颁布法律、批准项目等方面拥有很大权力，企业想要拥有对自身发展有利的政治环境，就必须利用自身的资源和能力去影响政府，让政府的决策能够朝着对自己有利的方向发展。在中国，不同企业去影响政府的方法很多，其指定的政治策略也是花样繁多，常见的有直接参与政府决策，在政府中找到能为企业说话的代言人，能找到政府相关人员为其定期的提供信息咨询，利用社会力量去影响政府决策，将企业的

---

① Oliver C. , "Strategic responses to institutional processes", *Academy of Management Review*, Vol. 16, No. 1, 1991.

② Hillman A. J. , Hitt M. A. , "Corporate political strategy formulation: A model of approach, participation and strategy decisions", *Academy of Management Review*, Vol. 24, No. 4, 1999.

③ Hillman A. J. , Keim G. D. , Schuler D, "Corporate political activity: A review and research agenda", *Journal of Management*, Vol. 30, No. 6, 2004.

日常经营活动与政策法规保持高度的关联性，以及利用财务刺激，或在企业中实施制度创新等。通过有效的政治策略，企业可以获取与政府相关联的资源，这些资源包括有形资源如资金、土地等；一些无形的资源，如对企业有利的政策，在政府内以及社会上的声誉等；以及一些关系资源，如与政府部门和政府官员保持了良好的关系，可以提前获取资源和信息等，从而提升企业的竞争能力与竞争优势，最终提高财务绩效。因此，由于我国制度环境的特殊性，对处于不同程度市场化地区的企业来说，其所面临的问题和相应作出的战略决策都是不一样的。所以，将中国范围内的企业分为地处市场化程度较高地区的企业和地处市场化程度较低的企业两部分，并比较其利用管理者关系进行机会捕获行为的异同是非常具有理论和现实意义的。

四 企业资源基础的研究

基于企业资源的理论最早可以追溯到1959年潘洛斯对成长理论的研究，她认为，企业是"资源的集合体，而非古典经济学理论所认为的仅仅是产品—市场的集合"。企业想要获得快速地成长，起决定性的因素就是企业能否获得成长需要的足够资源，是否能够开发和利用现有的资源。因此，她从企业内部资源而不是产业结构角度解释了企业成长的基础。比格尔·沃那菲尔德（Birger Wernerfelt）进一步比较了基于资源角度相对于产品角度的优势，提出从资源角度分析企业比从产品角度分析企业更加深刻，能够发现更多的分析媒介①。

J. 巴尼（Jay Barney）在1991年发表的论文中分析了资源能够带来竞争优势的条件。与产业组织理论假设的资源同质性假设不同，基于资源的理论假设认为即使同一行业的企业间战略资源具有异质性，而且战略资源在组织间无法自由流动。能够给企业带来持

---

① Wernerfelt B., "A resource – based view of the firm", *Strategic Management Journal*, Vol. 5, No. 2, 1984.

续竞争优势的资源必须具有四个标准：有价值、稀缺的、不能完全模仿的和不可替代的。具有有价值的、稀缺的资源能够让企业获取先动优势，而如果其他企业不能完全模仿或者替代，竞争优势才能持续。获取资源需要依赖特殊的历史条件、资源和竞争优势之间的模糊因果关系以及资源的社会复杂性都能够提高资源的难模仿性和替代性①。柯林斯（Collis）等学者认为，公司资源包括公司的资产、技能和能力。拥有不同资源的企业会采取不同的战略来创造价值，因此，在划分企业资源的类型时，应区分出产生持续竞争优势的资源分别是什么②。J. 巴尼等学者提出的基于企业资源的观点引发了随后近二十年来战略管理领域利用这种研究视角对企业竞争优势所进行的广泛探索。

资源基础理论关注的是企业是否可以选择更为高效的资源来进行竞争优势的创造。但从企业实践中可以发现，即使两个拥有完全同质性资源的企业，其资源基础的效率也不尽相同，而其产出也会有很大的差异。如果企业都需要某些资源才能成功，那么这些资源被称为企业成功的必要而非充分条件。不是资源本身而是资源与企业其他能力结合的效率，才是决定企业成败的关键。因此，仅仅单纯地研究资源对于企业成败的影响已经不足够了，如何利用企业本身的资源基础来让企业家的其他资本如管理者关系发挥更高的效率来使企业家有更成功的机会捕获并最终实现持续的发展才是更应该关注的问题。

五　当前研究的启示与不足

（一）缺乏在企业层面对机会捕获的影响因素的分析

目前针对机会捕获的研究中，大多数研究只是进行概念性的描述和分析，而没有将提出的研究问题用实证研究的方法来进一步验

---

① Barney J. , "Firm Resources and Sustained Competitive Advantage", *Journal of Management*, Vol. 17, No. 1, 1991.

② Collis D. , Montgomery C. , "Creating corporate advantage", *Harvard Business Review*, Vol. 76, No. 3, 1998.

证。例如，亚历山大·阿迪戚威利（Alexander Ardichvili）等学者在
2003 年构建了一个较为完善的研究模型，其中包括影响机会识别和
开发的五个因素，即企业家的个人属性、先验知识、社会网络、警
觉性、机会类型，以及机会识别核心过程。该研究指出，企业家通
过结合个人属性、先验知识及自身的社会网络来提高对机会的警觉
性，进而识别和开发机会①。该模型主要描述进行机会识别的企业
家个体特征与其个体构建的社会网络，完全是站在企业家个体的角
度来对机会识别和开发进行研究，这种对于机会的研究模式也是近
年来较为普遍的研究方式。但是，仅仅只针对企业家本身，而忽视
企业层面上的影响因素来研究机会捕获是不够的。由于资源对于机
会捕获的重要作用，本书认为，管理者建立的企业间的关系作为获
取外部资源的重要途径，对于机会捕获有着重要的意义，值得进行
深入的研究。

（二）缺乏对中国不同的制度环境下企业战略行为差异的分析

制度转型极大地推动了我国经济的发展、社会的进步和人民生
活水平的提高，然而理论界对我国制度转型的分析更多地认为我国
会向西方纯粹的市场经济过渡，认为政府对经济的影响作用会逐步
下降，直到最后变成完全的市场经济。在我国实际的制度转型过程
中，政府所发挥的作用虽然有所下降，市场的作用在逐步上升，但
是政府对经济的影响并不会完全的消失。同时，由于我国市场化进
程的不一致性，导致区域经济发展并没有保持在同一水平上，于是
不同区域的企业也面临或感受到不同的制度环境，而现有研究缺乏
对我国不同区域企业间战略选择的对比研究。本书将弥补这一
不足。

（三）忽视了企业内部资源基础的重要作用

在中国，管理者关系作为一种非正式制度，对目前不够完善的

---

① Ardichvili A., Cardozo R., Ray S., "A theory of entrepreneurial opportunity identifi-
cation and development", *Journal of Business venturing*, Vol. 18, No. 1, 2003.

正式制度起到补充作用，现有研究已经对此作出了较为深入的研究。但是，作为一种与外部实体构建关系从而获取资源的一种形式，在考虑其如何发挥作用时，现有研究往往忽视了企业自身的内部资源基础的影响，而过多地把研究重点放在外部市场环境的影响上。本书将同时考虑企业资源储备和组织结构这两个资源基础的重要组成因素的调节作用。

第三节　研究思路、方法及结构安排

一　研究思路

本书思路是：针对我国市场化进程不一致导致区域间经济发展不一致，企业面临不同制度环境的情况，结合制度理论、社会资本理论、机会捕获相关文献和资源基础理论等，本书提出企业管理者的商业关系和政治关系对企业机会捕获有着深远且不尽相同的影响。然后在不同制度环境下比较了这一关系的异同，并且同时考察了企业自身的资源储备和组织结构对于管理者关系和机会捕获这一联系的调节作用。针对以上的研究问题和研究内容，笔者提出一个整体的研究框架，随后深入分析该框架下各变量间的关系，最后用我国企业的调研数据对提出的假设进行统计，实证检验本书提出的理论框架和研究假设。

二　研究方法

本书的研究方法遵循标准的实证研究方法和思路，同时关注理论分析与实证研究。在行文时，本书首先基于现实背景、企业管理实践以及相关的理论研究来提出一个完整的理论分析框架；其次分析管理者的商业关系和政治关系对机会捕获的影响，同时考虑资源储备和组织结构的调节作用。在有了翔实的理论分析基础后，本书提出具体的理论假设，然后利用数理统计的方法来分析和验证之前提出的各条假设。本书的研究方法具有以下特点：

（1）综合运用管理学、统计学等理论对管理者的商业关系、政治关系、机会捕获、企业资源储备、组织结构等变量之间的关系进行研究。通过对有关理论进行梳理和系统研究的基础上，将实际问题与理论进行整合，提出一个整体的分析框架及相关研究模型。

（2）规范分析与实证分析相结合。本书一方面借鉴国内外最新的理论成果，结合中国企业的管理实践，构建理论分析框架提出假设；另一方面深入企业进行调研，通过调查数据对相关假设进行实证检验。

（3）定性分析与定量分析相结合。一方面通过对理论上的深入分析提出研究假设，另一方面通过大规模的问卷调研来收集实证数据，然后利用数理统计中最优尺度回归、聚类分析等方法，按照规范的方法对已建立的假说体系进行统计分析，分析因素间的相互关系，验证有关理论假设。

三 结构安排

本书的结构安排为：

第一章是绪论：从我国企业机会捕获现状及国内小制度环境不尽相同的背景出发，从实践和理论两个角度介绍有关研究和研究中存在的问题，归纳出研究问题，提出研究思路。

第二章是相关理论与研究综述：分别对制度理论、社会资本理论、机会捕获相关文献以及资源基础理论等进行综述，归纳出本研究的关键要素，对前人的研究作出总结和评述，为本书研究框架的构建提供一个理论平台，为进一步的研究奠定基础。

第三章是概念模型与相关假设：在研究问题和理论综述的基础上，进一步分析不同制度环境下管理者关系对机会捕获的不同作用，以及企业资源储备和组织结构的调节作用。本章是对研究问题进行理论模型建立并进行假设检验的基础。

第四章是研究方法：从问卷设计、数据收集过程、数据的初步统计推断等几个方面对本书的研究设计和研究方法作详细的阐述。

第五章是实证分析与结果：通过有效的数据处理，利用统计方法对假设进行统计检验。并报统计分析及模型验证的结果，对结果进行简要分析，进行必要的解释。

第六章是讨论：主要对验证结果的讨论，进一步解释有关假说，并深入讨论模型分析结果的含义。通过对比理论假设以及以往的研究讨论本书结果的理论意义，并结合管理实践分析这些结果的实践意义。

第七章是结论与展望：对本书的研究价值和创新点进行了总结和评述。通过本书的研究，提炼出重要的理论贡献和创新点，同时也指出本书中的一些不足，以及在相关领域未来的研究方向。

本书研究框架如图 1 - 1 所示。

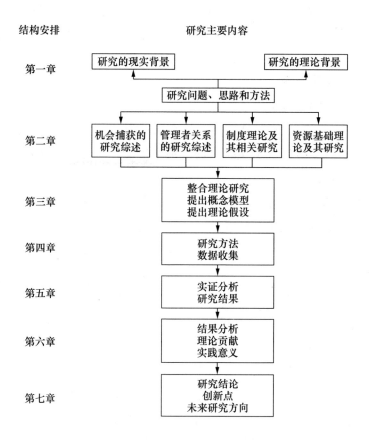

图 1 - 1　本书研究框架

第二章 相关理论与研究综述

第一节 机会捕获的研究综述

一 "机会"的概念和内涵

站在管理学的角度，什么是机会，如何合理地给机会一个恰当的定义，一直是学者们长期以来讨论的话题。一些学者认为，机会是指资源经过创造性的组合从而产生更好价值以满足市场需求的可能性。以色利·柯兹纳（Israel Kirzner）的研究指出了机会存在的原因，即由于天赋异禀和后天资源基础的差异，某些人相较其他人来说更善于在面对具体商业创意时做出正确的决策。这些人能够利用其自身的特质，如高警觉性，来发现机会并作出决策。在1997年的时候，柯兹纳提出机会最基本的内涵包括"不明确的市场需求和没有被使用的资源和能力"①。而另一位学者彼得·德鲁克（Peter Drucker）提出了机会中最重要的内容是"改变"，"改变"给企业家提供了开创新事业的机会，而企业家则可以利用这些机会去创造新的价值。

与此类似，杰弗里·蒂姆斯（Jeffry Timmons）也在其研究中给出了机会的相关定义，即机会是指"能够获得比成本价格高的售价

---

① Kirzner I., "Entrepreneurial discovery and the competitive market process: an Austrian approach", *Journal of Economic Literature*, Vol. 35, No. 1, 1997.

的新产品、新服务或者新的管理实践内容等"。这些学者普遍认为，机会始终是与为顾客创造价值的产品和服务一起产生的，并且具有吸引力、持久性和适时性。然而，现有研究中还没有对机会从哪来的问题达成一致，而主要分歧在于机会的产生到底是主观创造的还是客观存在的。

奥地利经济学派主张机会是企业家通过自身的创造而发现的。在奥地利经济学派中存在熊彼特学派（Josef Schumpeter）和柯兹纳学派（Israel Kirzner）两个分支。熊彼特认为，具有市场价值的真正的机会始终来自于外部环境的变化，而这些变化促使一批具有特定属性的人从事一些之前未曾尝试过的事情，并以更有价值的方式来完成这些事情。而这些能够发现改变并作出响应的人们往往被称为企业家，他们会创造性地去破坏现有平衡的市场环境，并通过这些创造性的破坏去收获新的机会。在熊彼特的观点中，机会主要有以下三个重要的来源：社会与人口的变化、技术的变革，以及制度环境的变化。

乔纳森·埃克哈特（Jonathan Eckhardt）及斯科特·西恩（Scott Shane）在其2003年的研究中发现社会与人口变化是创业机会的重要来源[1]。第一，社会和人口变化改变了人们对产品和服务的需求。由于创业者通过销售顾客需要的产品和服务来赚钱，因而需求的变化就产生了生产新事物的机会。第二，社会和人口变化使人们针对顾客需求所提出的解决方案，比目前能够获得的方案更有效率。西恩在其1996年发表的研究中认为技术变革是有价值机会的最重要来源，这些机会使人们创建新企业成为可能[2]。技术变革之所以是创业机会的来源，是因为它们使人们能够以新的更有效率的方式做

---

① Eckhardt J. T., Shane S. A., "Opportunities and entrepreneurship", *Journal of management*, Vol. 29, No. 3, 2003.

② Shane S. A., "Hybrid organizational arrangements and their implications for firm growth and survival: A study of new franchisors", *Academy of Management Journal*, Vol. 39, No. 1, 1996.

事。政治变革是机会来源的另外一个重要途径。这些变革使人们能够开发商业创意，从而用新的方法使用资源，这些方法或者更有效率，或者将财富从一个人重新分配给另一个人。

行为学派从认知心理学出发，认为市场环境中内生创业机会，认知局限性是人类行为的一个共有特征，在此基础上企业家只能依赖其经验推断方法发现复杂的市场环境中的创业机会。在此基础上，一部分学者认为创业机会主要是来自改变、混乱或是不连续的状况；而另一部分学者则指出应当从不同市场类型的角度考察机会的不同来源。总的来说，以上几种因素可归纳为技术机会、市场机会和政策机会三类创业机会。

最近十几年中，学者们开始越来越强调机会在企业家精神研究中的重要作用，西恩等学者在其论文中指出，研究如何发现并捕获机会又是该领域最应该关注的问题①。针对这一核心问题，现有学者提出了一些逐步深入并互有联系的研究问题，如：能够创造市场价值的机会为什么会存在？什么情况下能发现这些机会的存在？它们是如何存在的？为什么只有一部分人能够发现并捕获这些机会？这些人是什么时候发现这些机会的？这些人中，不同的人面对这些机会在识别和捕获这些机会时行为有哪些不同？围绕这些问题，总结出近二十年来出现的较为重要的关于"机会"这一变量的概念文章如表 2 - 1 所示。

纵观近几十年来企业家精神领域涉及机会的文献，除了研究概念模型和理论推导的文章外，涉及实证检验的文章并不多，本书总结了近几十年来所有涉及"机会"这一概念的实证文章，总结如表 2 - 2 所示。

---

① Shane S., Venkataraman S., "The promise of entrepreneurship as a field of research", *Academy of Management Review*, Vol. 25, No. 1, 2000.

表 2 – 1   "机会"的概念文章总结回顾

文献	文献和理论基础	"机会"的定义
Jones 和 Butler (1992)	信息和代理理论（Information and agency thory）	企业中由于机会主义导致风险偏好不一致使经理和企业家之间的代理问题一直存在，影响企业家的努力
Shane 和 Venkataraman(2000)	—	企业家精神的研究领域应该集中在能够发现、评估和开发机会的个体和过程上
Aldrich 和 Cliff (2003)	关于家族企业的研究	家庭成员的参与程度转变能够导致新的创业机会的产生和识别
Ardichvili, Cardozo 和 Ray (2003)	杜宾理论框架（Dubin's theory building framework）	个人特质、社会网络和知识基础是企业家识别、评估和开发机会的前因
Denrell, Fang 和 Winter(2003)	资源基础理论（Resource – based theory）和经济学相关研究	开发一个用于分析战略要素市场无效性的模型，并认为战略性机会是指当价格不能够反映价值时资源得到了最好的利用
Eckharde 和 Shane(2003)	非均衡框架（Disequilibrium framework）	机会的三个维度：产品/服务市场的改变，机会的不同来源，什么因素引起了改变
Ireland, Hitt 和 Sirmon(2003)	战略企业家精神（Strategic entrepreneurship）	小企业往往能更好地识别机会但是不擅长通过开发能力优势来占用价值
Gaglio(2004)	社会认知（Social cognition）	精神状态假设的过程和反事实的思考提供了机会识别和开发的机制
Chiasson 和 Saunders(2005)	结构化理论（Struturation theory）	机会识别和行程是互补的而不是对立的
Corbett(2005)	经验学习理论（Experiential learning theory）	拥有不同学习模式的个体在机会识别和开发的过程中能表现得更好
Dutta 和 Crossan (2005)	组织学习理论（Organizational learning）	4I(直觉 Intuiting、解释 Interpreting、整合 Integrating、制度化 Institutionalizing)是创业机会的生命周期的四个组成部分
Lumpkin 和 Lichtenstein(2005)	组织学习理论（Organizational learning）	基于组织学习的三种方式(行为、认知和行动学习)而构建的基于创造力的机会识别模型，包括了机会的发现和行程过程

续表

文献	文献和理论基础	"机会"的定义
Oviatt 和 McDougall(2005)	国际化企业家精神的研究	机会是国际化企业家精神的起点，它决定了国际化的速度
De Carolis 和 Saparito(2006)	社会认知理论(Social cognitive theory)	社会资本和认知偏差的共同作用解释了为什么一些人可以开发机会而另外一些人不行
Lee 和 Venkataraman(2006)	—	机会是由于个人抱负和在劳动市场被评估价值的不一致而产生
McMullen 和 Shepherd(2006)	—	当个体愿意接受创业活动带来的不确定时机会被开发了
Sarason、Dean 和 Dillard(2006)	结构化理论(Struturation theory)	为企业家精神的研究提供了一个结构化的视角，他们认为机会不是单独存在的，而是企业间与社会系统共演产生的
Zahra、Yavuz 和 Ucbasaran(2006)	信任(Trust)的研究	现有企业中信任对机会识别、评估和构建既有好的作用也有坏的作用
Alvarez 和 Barney(2007)	发现理论和创造理论(Discovery theory 和 Creation theory)	发现理论和创造理论解释了机会是如何形成的
Chiles、Bluedorn 和 Gupta(2007)	奥地利经济学派(Austrian economics)	机会是通过不断的整合和再整合中间商品以制造顾客需求的产品的过程中被开发的
Cohen 和 Winn(2007)	可持续的企业家精神(Sustainable entrepreneurship)	市场的不完备性导致创造新技术和新的商业模式的机会产生
Dean 和 McMullen(2007)	环境经济学的研究	环境市场的失灵预示着获取利益机会的产生，但同时伴随着破坏环境行为的产生
Dimov(2007)	创造力研究	机会的产生是环境和社会造成的，而不是个体的洞察力的结果
Hsieh、Nickerson 和 Zenger(2007)	企业行为理论(Behavioral theory of the firm)	发现机会是解决问题的一个过程

续表

文献	文献和理论基础	"机会"的定义
Lee、Peng 和 Barney(2007)	实物期权理论(Real options theory)	创业友好的破产法鼓励在社会层面上开发机会
Mahnke、Venzin 和 Zahra(2007)	跨国企业研究	机构的不同导致了跨国企业在识别和选择机会时沟通、行为模式、价值不确定性的不同
Miller(2007)	创业风险	对风险以及合理性的独特理解与机会的识别和创造息息相关
Van de Ven、Sapienza 和 Villanueva(2007)	—	企业家同时考虑集体和个人利益时能更好地识别和创造机会
Witt(2007)	关于视野和战略选择的研究	企业家在企业和市场中的选择是其开发特定商业机会的重要组成元素
Baron(2008)	情感(Affect)的研究	情感会影响企业家的认知,从而影响其机会识别的过程
Choi、Levesque 和 Shepherd(2008)	开发时机的相关理论	时机(Timing)是机会识别转移到机会开发的重要因素
Foss 和 Foss(2008)	资源基础观点(resource – based view)	产权和交易成本是发现机会的前因
Klein(2008)	奥地利经济学派	机会是一种想象出来的主观现象,它们不是被创造或者发现出来的
Zahra(2008)	—	现有的技术环境越来越有益于发现机会
Kontinen 和 Ojala(2010)	网络理论(Network theory)	网络关系对于家庭型中小企业的机会识别有重要意义
Corner 和 Ho(2010)	社会企业家精神(Social entrepreneurship)	社会企业家的机会识别行为可以通过社会任务或者社会制度的障碍来塑造

资料来源:笔者对文献的整理。

表 2 - 2 "机会"的实证文章总结回顾

文献	样本来源	"机会"的定义	文献/理论基础	主要结论
Jennings 和 Seaman (1990)	80 家德州储蓄和贷款机构档案数据	机会由行业的违规行为创造，由新兴的商业活动得以开发	战略结构范式 Strategy-structure paradigm	拥有开拓式战略和有机的组织结构的企业比防御式战略和机械化组织结构的企业能追求更多的机会
Davidsson (1991)	瑞典 400 家小企业的调研数据	客观存在的机会和感知到的机会是不同的	—	产业特征、地理位置分散性和竞争者决定了客观存在的机会，而客观存在的机会，进入障碍和成长空间决定了感知到的机会
Kaish 和 Gilad (1991)	来自 51 家企业创始人和 36 家金融机构负责人的调研数据	企业家和公司高管寻找机会的行为不同	创业警觉性理论 Theory of entrepreneurial alertness	相对于非企业家而言，企业家更多地通过搜寻活动和不同的数据分析方法来发现机会
Patterson (1993)	来自 6 个产业 151 家公司的档案数据	机会是转瞬即逝的	博弈论 Game theory	随着产业年龄的增长开发机会的能力会下降
Amit, Muller 和 Cockburn (1995)	加拿大 352 个新企业家的调研数据	机会开发包括自我雇佣，也是有成本的	博弈论 Game theory	机会成本与机会开发负相关
Zahra (1996)	世界 500 强企业中的 138 家的档案和调研数据	机会来源于各个产业间不同的技术创新以及研发费用	代理理论 Agency theory	感知到的技术机会的程度调节公司治理、机构投资者持股企业企业家精神的关系
Thakur (1999)	50 个印度企业家的案例	机会由于需求和供给的差异、价格不同、技术替代或创新而存在	扎根理论 Grounded theory	接近资源的程度限制了机会的选择范围

文献	样本来源	"机会"的定义	文献/理论基础	主要结论
Shane(2000)	8 个开发 MIT 发明的新企业的案例	当企业家知道如何开发机会、技术的变革才会引起新的流程、产品、市场和管理模式的产生	奥地利经济学派 Austrian economics	不同的人开发由技术变革带来的机会的倾向是不同的。企业家更注重发现而不是搜寻机会，之前的知识分部影响了谁去开发机会
Shane(2001)	1397 个 MIT 专利的事件分析数据	技术创新可以创造机会，新创企业会开发这些机会	技术创新和产业进入	越具有突变创新属性的技术发明，越广泛的专利保护越容易通过成立新企业来进行商业化
Randoy 和 Goel (2003)	68 个挪威中小企业的事件分析数据	机会开发需要金融活动的帮助	代理理论 agency theory	有创始人领导者的企业与非创始人领导者的企业面临不同的代理情境
Wiklund 和 Shepherd (2003)	瑞典 326 家小企业的 CEO 的多波段调研数据	环境动态性与机会有联系	计划行为理论 Theory of planned behavior	环境的动态性提高了小企业经理人对于小企业成长的预期
Choi 和 Shepherd (2004)	企业孵化器中 55 个企业家的联合实验数据	当顾客需要新产品时机会是存在的，而新企业的创立可以开发这个机会	基于资源的观点 Resource - based view	当企业感知到更多的顾客对于新产品的需求时，他们更愿意去开发这个机会，并能更好地开发必要的技术，管理能力并获得利益相关者的支持
Mullins 和 Forlani (2005)	快速成长的出版行业中 75 个 CEO 的实验数据	机会存在于新企业的创立中，又因风险的不同而不同	个体差异和风险偏好	关于得失的大小影响了企业家对于新企业机会的选择
Shepherd 和 DeTienne(2005)	78 个 MBA 学生的实验数据	个体的不同知识让他们可以识别到机会	奥地利经济学派 Austrian economics	对于顾客问题的知识不仅能直接影响机会识别的数量和质量，还能够调节金融奖励和机会识别间的关系

续表

文献	样本来源	"机会"的定义	文献/理论基础	主要结论
Baron 和 Ensley (2006)	对 88 个经验的企业家和 106 个新企业家的调研数据	机会存在于新产品和新服务中,并可以导致新商业的诞生	模式识别理论 Pattern recognition theories	有经验的企业家和新企业家对于机会识别的认知表现是不同的,模式识别是机会识别的重要组成部分
Cliff, Jennings 和 Greenwood (2006)	温哥华 60 个法律企业创始人的调研数据	机会存在于新企业的创立中,由于创新性的不同而不同	制度理论 Institutional theory	产业中位于核心地位的企业家创造模仿性的企业,位于产业边缘地位的企业家创造创新性的企业
Bingham, Eisenhardt 和 Furr(2007)	4 个全球化的技术产业中 12 个企业进入到 67 个国家的调研和二手数据	大量的机会说明机会是被开发和捕捉的	组织学习 Organizational learning	过去的经验对做决策有启发性,同时引导了机会的捕获并提高了未来的绩效
DeTienne 和 Chandler (2007)	对 95 个商学院本科毕生的实验数据和对 2 个高科技产业中 189 个企业家的调研数据	机会识别包括机会的认知和创造机会建立新企业	人力资本理论和社会女权主义理论 Human capital theory 和 Social feminist theory	虽然男人和女人用人不同的人力资源储备方式并有不同的机会识别过程,但对于机会识别的创新性却是一样的
Dimov (2007)	对 95 个 MBA 学生的在线实验数据	机会最开始以点子的形式出现,他们由个人的直觉和认知而产生	经验学习理论 Experiential learning theory	个体对于机会相关领域知识的掌握,以及学习模式与所处环境的匹配共同决定了个体开发机会的意图
Gruber (2007)	对于 142 家风险投资公司的在线调研数据	创立新企业时机会被开发	信息处理和决策理论 Information processing and decision theory	计划对于机会开发是有益的
Ozgen 和 Baron (2007)	对 201 个 IT 企业创始人的调研数据	机会包括创立新企业,个体对机会的警觉性有所不同	社会心理学 Social psychology	导师、非正式产业网络和参与专业的论坛对于机会识别有正向作用

续表

文献	样本来源	"机会"的定义	文献/理论基础	主要结论
Dyer, Gregersen 和 Christenson (2008)	对 72 个企业家和 310 个经理人的调研数据	开始一个创新的商业活动包含了机会识别、开发和创造等	归纳理论和网络理论 Inductive theory 和 Network theory	一个人为了创新性的商业活动而产生的创新性的点子是包括质疑、观察、实验网络行为和一种功能
Eddleston, Kellermanns 和 Sarathy (2008)	对 74 个家族企业的调研数据	机会来源于技术创新，每个产业的机会蕴含程度不同	基于资源的观点 Resource - based view	互惠主义和家族企业绩效间的正向关系，在技术机会丰富的环境下更强
Gartner, Shaver 和 Liao (2008)	对于企业家动态性的面板研究的开放式问题	机会被认为是可整的积极情况	归因理论 Attribution theory	企业家对机会的开发归因于他们的能力和努力
Hmieleski 和 Baron (2008)	对 201 个企业家的调研数据	发现机会的环境有风险，而创造机会的环境有不确定性	调节焦点理论 Regulatory focus theory	企业家的自我调节模式对动态环境中成功的开发机会有重要影响
Mitchell, Mitchell 和 Smith (2008)	对 220 个企业家的调研数据	机会是被创造的	认知心理学 Cognitive psychology	过去的失败对新的交易承诺的形成和机会形成过程有正向影响
Haynie, Shepherd 和 McMullen(2009)	对 73 个英国企业的联合实验分析	对机会的评估是基于未来的价值的	基于资源的观点 Resource - based view	企业家会被与自己现有的知识基础互补的机会所吸引
Ucbasaran, Westhead 和 Wright (2009)	对 637 个英国企业创始人和所有人的调研数据	机会包括创造或者购买一个企业	认知心理学 Cognitive psychology	有经验的企业家因为有更高的财富创造潜力而能发现更多的机会并开发更多的创新性机会，失败商业活动的比例与机会识别的数量间有倒 U 形的关系

资料来源：笔者对文献的整理。

二 机会捕获的影响因素

机会捕获（Opportunity capture）是企业价值创造的一个首要的、关键的环节，近年来受到了学者们的广泛关注。例如，有学者认为企业发展中最关键也是最优先的一个步骤就是机会识别并能够成功捕获机会，这个关键性的步骤能保证企业的成长和繁荣，所以如何进行机会捕获是企业成功的关键因素。

阿迪戚威利等学者在 2003 年的研究中构建了机会识别和开发的模型，该模型包括企业家个人属性、先验知识、社会网络、警觉性、机会类型、机会识别核心过程六个部分[1]。在这个模型中，个人属性和先验知识对企业家的社会网络有共同的作用，而企业家自身的社会网络对机会警觉性的提高有促进作用，进而对机会进行识别和开发。该模型的主要贡献在于提出了"感知—开发—创造"—"机会的评价"—"机会的开发"—"新企业形成"这样一条研究线索，但其主要问题在于仅仅描述机会识别的个体特征与社会网络结合进行机会的识别和开发，没有分析机会的产生及环境的变化对机会识别的影响，同时也没有针对机会捕获的过程对其捕获方式进行界定。因此，该模型对于分析机会捕获的前因并没有深入的研究。

在国内对于企业家机会研究的学者中，比较具有代表性的是林嵩、姜彦福等于 2005 年提出的机会识别和创业研究的理论模型[2]，以及陈海涛、蔡莉和杨如冰在 2007 年提出的机会识别作用机理的模型[3]。林嵩等学者的模型中主要包括了机会的自然属性、企业家的个人特征、核心开发过程、创业战略、企业成长五个部分。该模型的贡献在于将机会识别研究和企业成长的分析整合到了一个研究框

---

① Ardichvili A., Cardozo R., Ray S., "A theory of entrepreneurial opportunity identification and development", *Journal of Business Venturing*, Vol. 18, No. 1, 2003.

② 林嵩、姜彦福、张帏：《创业机会识别：概念，过程，影响因素和分析架构》，《科学学与科学技术管理》2005 年第 28 期。

③ 陈海涛、蔡莉、杨如冰：《创业机会识别影响因素作用机理模型的构建》，《中国青年科技》2007 年第 1 期。

架中，强调了企业家精神研究的中心问题就是对机会的识别和捕获，将影响企业家机会选择的因素和与创业企业将来的发展联系在了一起，模型中还提到，企业家对于机会的选择取决于机会本身的属性和企业家的个人特征这两个因素的共同作用。而陈海涛等学者的模型中总结了在企业家机会识别过程中起到重要作用的三种因素——环境、社会网络、企业家属性在这一过程中的相互作用关系。该模型主要涉及的是静态维度之间对机会识别的影响关系。

综合国内外现有文献，本书认为机会捕获主要受企业家个人特征、社会网络，以及外部环境的影响，下面从这三个方面展开详细的分析和论述：

（一）企业家的个人特征

早在1985年，就有研究指出一个成功企业家最重要的能力之一就是识别和捕获机会。对于机会捕获来说，企业家的个人因素是最重要的影响因素之一，这是因为机会识别和捕获的本质就是一种主观色彩非常浓厚的行为。事实上，虽然有时候某些机会已经呈现出相对不错的预期价值，但并不是每个人都有能力捕获到这样一个具有潜在价值的机会，并成功开发这个机会以获得最后的成功，由此可以看到，企业家的个人特质对于机会捕获的重要性。

柯兹纳在研究企业家的机会捕获行为时，着眼于企业家个人的特质和能力，首次提出了企业家的警觉性（Alterness）的概念并揭示了警觉性和机会识别之间的关系。随后，此研究领域相继站在企业家个人属性的角度提出影响企业家机会捕获的其他关键要素，如希尔斯指出企业家的创造性对机会捕获具有关键作用；西恩提出企业家的先验知识在机会捕获过程中的重要影响[1]；西恩和桑卡拉·文卡塔拉曼（Sankaran Venkataraman）对前人的研究成果进行总结，提炼出在机会识别和捕获的过程中因为企业家属性存在不同（Indi-

---

[1] Shane S., "Prior knowledge and the discovery of entrepreneurial opportunities", *Organization Science*, Vol. 11, No. 4, 1999.

vidual differences，包括警觉性、个人特性、先验知识、认知学习能力、资源基础等）的存在，导致企业家机会捕获的结果存在明显差异[1]，这一研究结论较为全面地总结了企业家个人特质和能力对于机会识别和捕获的重要影响，下面笔者将详细阐述每种特征如何影响机会捕获：

1. 警觉性

柯兹纳的研究从企业家角度来研究机会捕获领域具有开创性，他1973年的研究认为，新创企业的首要问题是发现机会，企业家通过靠他人所不具备的自己对事物的了解和识别能力，并利用外部市场中环境的波动，发现并捕获有利可图的商业机会，并就此提出企业家的警觉性对机会捕获具有重要影响。柯兹纳认为，迫使企业家去发现并捕获机会的最大动力是资金回报，但大多数机会的发现却极具偶然性，他的这些观点为之后关于机会捕获的研究打下了一定的基础。

罗伯特·库珀（Robert Cooper）通过对企业家的系统研究发现，企业家通过对市场的"感觉"（非正式或本能的）来发现并捕获机会[2]。企业家发现机会并创建新企业主要受企业家对机会的感知力的驱动。在柯兹纳的研究基础上，有学者提出机会捕获要求企业家必须具有警觉性和洞察潜在商业机会的意识，能够识别出那些具有潜在商业价值的初始创意。

还有学者将企业家对外部环境中事物变化的信息、人们行为模式的一种倾向性和敏感性统称为企业家的警觉性。企业家通过与外部环境的交流能促使他们的个体特质来提高他们的警觉性，从而更好地培养捕获机会的能力。然而，布森尼兹的实证研究结论却并没有支持这一观点，究其原因在于他们选取的企业家个人特征的衡量

---

① Shane S. , Venkataraman S. , "The promise of entrepreneurship as a field of research", *Academy of Management Review* , Vol. 25 , No. 1 , 2000.

② Cooper R. G. , "Predevelopment activities determine new product success", *Industrial Marketing Management* , Vol. 17 , No. 3 , 1988.

指标不一致。这种不一致也是研究企业家个人警觉性的困难之处。

2. 个人基本特质

这一部分主要包括企业家的个人情况，如性别、年龄、学历、民族、家庭背景和成长环境等；以及作为企业家的潜质方面的特征，如创造性、风险感知能力等。企业家的创造性在企业家发现机会并作出捕获机会的决定时起到了关键的作用①。企业家的创造性与其捕获机会并创立新企业有显著的关系②。希尔斯等学者在总结了其之前发表的研究后得出结论，首先他们肯定了前人对于创造性和机会捕获间有重要联系的结论，然后进一步指出对于自身关系网络并不发达的企业家来说，创造性对他们在捕获机会时影响更大，即企业家的创造性在不发达的关系网中对于机会捕获更为重要。企业家对机会的评价主要受到其对风险的感知能力的影响，而这种对于风险的感知能力又取决于企业家们的自信心、强烈的控制欲和对于既定计划的反应等因素。

3. 先验知识

丰富的市场感知、企业家的技术知识和社会经历是捕获机会的三个重要影响因素。学者西恩将影响企业家发现机会的先验知识分为三类，分别是：对于市场的先验知识、对于服务市场方式的先验知识，以及对于顾客问题的先验知识。西恩和文卡塔拉曼则通过研究企业家的个人特质发现，在形成企业家识别机会的能力构成中，先验知识和信息处理能力是两个最为重要的组成部分。

4. 学习能力

机会捕获并不是一个瞬间发生的静态过程，而是由一系列活动构成的复杂的动态过程，在进行机会捕获之前首先需要能感知或识别到现存的或潜在的机会。对于已经存在的机会，对于企业家来

---

① Kay J., Thompson D. J., "Privatisation: a policy in search of a rationale", *The Economic Journal*, Vol. 96, No. 381, 1986.

② Winslow E. K., Solomon G. T., "Entrepreneurs: architects of innovation, paradigm pioneers and change", *The Journal of Creative Behavior*, Vol. 27, No. 2, 1993.

说，在感知机会时可能出现一个机会从模糊到清晰的过程，而有些学者认为，这一过程不仅仅是对于机会感知和识别的过程，同时也是一种学习过程。基于社会认知理论（Social Cognitive Theory）的研究指出，一个独立的人，一般可通过两种方式来学习，即从直接的经验中学习和模仿。据此，他认为企业家在进行机会识别和捕获活动时，通过模仿其他企业家的类似行为对自身的机会捕获行为会更有利。这一领域的研究还进一步阐述了成功企业家对于新兴企业家的模范作用，并指出企业家的学习能力对于机会捕获有着关键性的作用。

5. 资源基础

这里的资源基础是指企业家在进行机会捕获时拥有的资源情况。根据 J. 巴尼的基于资源的观点以及其他相关文献和理论，企业家拥有的资源基础主要包括人力资本、物质资本、技术资本、金融资本、社会资本等方面。其中，人力资本（human capital）指企业家所拥有的知识、智慧、判断力、洞察力、理解力、价值观和信念。物质资本（physical capital）主要包括企业家持有的有形资产，如厂房、设备等。技术资本（technological capital）则包括企业家所拥有的生产经验、各种工艺、操作方法与技能等。金融资本（financial capital）指企业家持有的各类货币、股票和债券等。社会资本（social capital）指企业家的社会网络关系以及通过这些关系网络所获取的资源。

综合以上对于影响机会捕获的文献总结，本书认为，在企业家识别并捕获商业机会时，不同类型的企业家会用不同的方式来识别到已经存在的机会或自己创造机会；而企业家自身的各种特质并不是彼此独立存在的，他们之间有着某些特定的联系，并可能会在企业家识别和捕获机会时产生交互性的影响；在影响企业家进行机会捕获的因素中，企业家的警觉性对机会识别起到了关键性的作用，而企业家自身的特质如风险感知承担能力和创新性以及经验等先验知识对成功的捕获机会有着重要的影响，而企业家的学习能力也会影响机会捕获的效果。但是从以上文献综述中我们可以看到，各类文献还是针对企业家个体层面上来研究影响其机会捕获的因素，而往往会忽略从企业层面来考量这个问题，如站在企业资源基础以及与外部环境交互的角度来研究对成功捕获机会的影响，这方面的研究是存在一定缺陷的。

（二）社会网络

企业家们的社会网络可以被定义为"企业家与其他人之间组成的一种特殊的联系"。企业家的个人社会网络是除了其自身特质之外影响机会识别和开发的又一关键因素。社会网络理论使用节点和联系来观察企业家的个人关系。节点是网络中的个体参与者，联系是参与者之间的关系。节点之间可以有许多种联系。简单而言，社会网络是所研究的节点之间所有相关联系的图形。联系是物质的或者非物质资源的流动。资源可能包括社会支持、感情支持、友谊、时间、信息、专长、金钱、商业交易、共同的活动，等等。

社会网络有三个特征：层级性（Hierarchy）、可转移性（Transitivity）和同质性（Homophily）。社会网络的层级性描述的问题是，一些节点位于网络中心，而另一些节点联系较少并且在网络边缘。随着资源从一个节点流向另一个节点，资源的流动通常会被减弱，参与者的位置——在网络边缘还是在网络中心——影响了他对资源的获取。社会网络的可转移性是指在一个网络中，如果甲和乙有联系，甲和丙也有联系，那么有可能乙和丙之间可以联系。马克·格兰诺维特（Mark Granovetter）的一系列关于弱联系的研究证明了这个特征的存在[①]。社会网络的同质性是指一个人倾向于和他相似的人联系，因此个人网络中各个节点的构成往往是同质的，遵循如下一些特征（以递减的顺序）：性别、职业、教育、宗教、年龄和种族。

---

① Granovetter M. S., "The Strength of Weak Ties", *Social Networks*, Vol. 78, No. 6, 1977.

　　研究社会网络理论的学者往往把研究重点放在网络的结构特点上，他们把对网络结构特点的研究分为两个层次，分别是二元层次（Dyadic level）和网络层次（Network level）。二元层次的关系是指两个人、两个部门、两团队或两组织间成对的关系。社会网络是二元层次企业家个人关系的集合，因此对二元层次管理者关系的特点研究是研究社会网络的基础。二元层次管理者关系的研究主要包括联系强度、直接联系和间接联系等，网络层次管理者关系的研究主要包括网络密度（Network density）、结构洞（Structural hole）、桥联系（Bridging ties）、网络范围（Network range）、网络位置（Network position）等内容。最初关于社会网络的分析都从某一个视角分析某种网络结构的优劣。但是，随着研究的深入，人们发现不同网络有不同的价值。因此，越来越多的学者使用结构化的（Configurational）方法分析不同社会网络结构的组合效果。如蒂姆·罗利（Tim Rowley）等分析了强联系和松散网络相结合给企业带来的优势①；乌特·斯坦（Wouter Stam）则通过实证的方法验证了网络中心性和桥联系的有效结合有利于改善企业家导向与企业绩效之间的关系②。哥樊纳·帕杜拉（Giovanna Padula）认为，通过网络内聚性和桥联系的有效组合能够改善企业的创新绩效。可以预见，未来的社会网络理论研究中不可忽视的一个研究方向就是不同社会网络结构如何匹配才能起到更好的效果③。

　　社会网络理论主要从网络结构的角度来分析社会网络的作用，尽管格兰诺维特提出联系强度包含四个指标，即互动时间、情感强

　　① Rowley T., Behrens D., Krackhardt D., "Redundant governance structures: An analysis of structural and relational embeddedness in the steel and semiconductor industries", *Strategic Management Journal*, Vol. 21, No. 3, 2000.

　　② Stam W., Elfring T., "Entrepreneurial orientation and new venture performance: The moderating role of intra - and extraindustry social capital", *Academy of Management Journal*, Vol. 51, No. 1, 2008.

　　③ Padula G., "Enhancing the innovation performance of firms by balancing cohesiveness and bridging ties", *Long Range Planning*, Vol. 41, No. 4, 2008.

度、密切程度、互惠行动。但是，这类研究的绝大多数学者都将联系强度的概念限定在两个主体交往的密切程度和交往频率两个方面。目前的社会网络理论的研究忽略了社会交往中的情感因素（如信任）的作用，或者将信任作为网络结构的衍生物，其对社会现象的解释能力受到限制。在社会网络理论基础上发展起来的社会资本理论弥补了这一缺陷，它既包含了社会网络的结构维度又包含了信任等关系维度，因此引起越来越多的学者关注。本书将在下一节中详细讨论这一问题。

在现有的有关社会网络与企业家机会识别与捕获的研究中，学者们普遍认为企业家的社会网络能够扩大其信息来源的渠道，因此会给企业家带来更多识别到机会的可能，从而能够更好地发现和开发这些机会。具体来说，格兰诺维特早在20世纪70年代就提出了"弱联系"理论，他认为连接单个个体间交流的纽带就是"弱联系"，这种纽带能够在一定程度上帮助企业获取相关机会的信息并有利于他们成功地捕获机会。社会网络可以扩大企业家的知识边界，而这种知识会产生一个重要结果，即直接形成机会。随后，一个全新的概念——"结构洞"（structure hole）被引入学界，正因为结构洞的存在，才使企业家能避免通过社会网络获取一些冗余的重复信息，更好地获取有价值的信息，从而提高企业家发现机会的效率和可能性和成功捕获机会的概率。类似的，有研究中指出，有接近半数的企业家会利用他们社会网络和网络中的其他成员来识别、捕获或开发机会；同时，企业家的社会阅历和个人关系网络对其识别和开发机会有非常显著的影响；还有学者指出公司中最重要的资源就是企业家的个人社会网络；企业家与其社会网络中的其他成员的各种交流活动通常是新的机会产生的源泉。

随着社会网络理论研究的不断发展，学者们开始更为关注企业家从个人社会网络中获取的资源情况，他们中的大多数都认为，企业家通过其个人社会网络获得的资源会在很大程度上影响其决策行为，在这些研究中，也隐约有学者开始意识到企业家个人的社会网

络中获取的资源对于其进行机会识别和开发的重要意义。例如，简
伲·那哈皮特（Janine Nahapiet）等学者将社会网络理论进行了进一
步的挖掘和发展，提出了一些新的观点，并提炼出较为完整的社会
资本的概念，研究指出企业家的社会网络最重要的一个功能就是为
企业家提供了潜在的获取资源和信息的渠道，社会网络这一重要功
能是企业家发现新机会的一个重要基础①。企业家会通过其社会网
络来提高资源的利用效率，并评估所发现机会的实际价值。另外，
社会资本在信息收集过程中对机会识别也产生重要影响。社会资本
会对企业家识别机会产生显著的作用，因为社会网络能帮助企业家
们更好地收集信息、获得外部知识以及更多更好的外部资源。企业
家通过构建社会网络能获得很多新的资讯，这会增加企业家产生创
意的概率，也能更好地激发他们去发现甚至捕获机会。具体来说，
当企业家更多地利用社会网络时，相对其他较少利用社会网络的企
业家，能够更好地识别出机会。他将原因归结为从社会网络中获取
的资源让企业家们的视野更加开阔，思维模式也不会僵化和局限在
小范围内，更容易发现机会。本哥特·乔汉尼森（Bengt Johannis-
son）等在考察了 80 个企业家后发现，有超过一半的企业家都会利
用其社会网络关系来识别机会②。由此可见，社会网络在机会识别
过程中最重要的作用是给企业家提供了获取外部资源的渠道。

　　企业家的社会网络规模越大，越有利于其识别到更多的机会，
同时，企业家可以利用不断扩张的社会网络，来接触更多的资源，
因此也能获得更加丰富的外部知识，也就更有利于其发现和识别出
机会。约半数的企业家通过社会网络来进行机会识别，另外，不通
过社会网络进行机会识别的企业家比通过社会网络的企业家需要更
多的先验知识来完成这一过程。伯利的研究将企业家的社会网络进

---

　　① Nahapiet J., Ghoshal S., "Social capital, intellectual capital, and the organizational advantage", *Academy of Management Review*, Vol. 23, No. 2, 1998.

　　② Johannisson B., "Economies of overview—guiding the external growth of small firms", *International Small Business Journal*, Vol. 9, No. 1, 1990.

行了区分，他的论文中首次提出了正式和非正式网络的概念。所谓正式网络，就是企业与包括银行、法律部门和政府机构等建立的网络关系，也可以称为社会弱关系网络；与之对应的是非正式网络，这种网络关系是建立在企业与企业家家庭、朋友、同事等关系的基础上的，也可以叫作社会强关系网络，社会强关系网络相较社会弱关系网络而言对企业家进行资源积累更有效。

总的来说，利用社会网络观点来研究企业家机会识别和开发的学者们普遍认为，较为孤立的企业家和拥有广泛的社会网络的企业家在机会识别和捕获方面存在明显的差异，而企业家的社会网络本身具有的属性，如其社会网络的规模、网络的强弱和结构洞对企业家识别和捕获机会的过程也有不同程度的重要性。举个例子来说明，有研究发现企业家社会网络中的弱联系，而不是强联系对企业家的机会识别更为重要，因为这些联系是作为沟通结果或者偶然因素而存在的；在对机会的识别和捕获过程中，企业家们偶然的非正式网络是至关重要的因素之一。

综合以上论述，可以看到社会网络是机会信号传递的主要途径，他为企业家识别和开发机会提供了桥梁的作用。由于企业家的社会网络具有多种不同的属性，如多样性、联系的强度和密度等，不同属性的社会网络会对企业家识别、捕获和开发机会产生不同的影响。具体来说，社会网络中多样的主体是企业家能识别到不同种机会的重要驱动因素；而捕获机会的效率则与社会网络的强度息息相关；相对于不利用社会网络的企业家而言，那些能熟练利用社会网络来识别和开发机会的企业家们往往更容易获得成功。

（三）环境

通过梳理和总结现有文献可以发现，环境也是影响企业家识别和捕获机会的重要因素之一，且诸多环境因素都会影响企业家与机会之间的互动过程。史蒂文森等学者的研究在总结前人研究的基础上，认为以下四个外部环境因素最有可能对机会识别产生影响：行业中技术发展状况以及技术更新周期、市场发育情况及需求波动等、社会文化及普遍价值观、政府的政策法规。企业家识别和捕获机会主要受到物质的和社会现实的连接的影响，他们还认为，企业家可以通过模仿来进行机会识别，另外企业家还可以通过改变技术环境和市场条件来创造一些机会。

除了环境因素本身会对企业家的机会识别和捕获产生影响外，外部环境所具有的特性也会对企业家的机会识别和捕获产生不同程度的影响。环境的特性一般包括三个主要特征，即动态性（Environment dynamic）、包容性（Environment munificent）、复杂性（Environment complexity）。

环境动态性即外部环境的变化情况，包括环境的变化率和环境的变化程度。机会往往在外部环境发生较大改变时大量产生，因为当外部环境发生变化时，无论是现有的知识池还是市场信息等都会产生巨大变化，导致新问题相继出现，其结果之一就是大量机会产生，企业家们往往会利用这些环境的变化来捕获产生的机会。环境包容性是指为环境中可用的和企业所需要的资源的稀缺或充裕程度，这一定义的突出贡献在于，将市场竞争引入资源的可用性中。复杂性指环境因素的数量和异质性。

外部环境还能通过影响企业的信息或资源流而进一步影响企业家的机会捕获行为。现有学者中，就有主要关注环境如何给企业家提供资源从而增加其识别和捕获到机会的可能性。例如，罗伯特·邓肯（Robert Duncan）指出，企业家进行捕获机会行为的主要动机来源之一就是外部环境的动荡性[1]。格林·卡罗（Glenn Carroll）等学者指出外部环境的变化会产生大量的机会，而大量机会的产生使企业家们捕获机会的倾向大大提高[2]。迈克尔·图师曼（Michael

---

[1] Duncan R. B., "Characteristics of organizational environments and perceived environmental uncertainty", *Administrative Science Quarterly*, Vol. 17, No. 3, 1972.

[2] Carroll G. R., Delacroix J., "Organizational mortality in the newspaper industries of Argentina and Ireland: An ecological approach", *Administrative Science Quarterly*, Vol. 27, No. 2, 1982.

Tushman）等学者通过对高科技行业新兴企业的研究得出结论，技术的变革往往是产生新机会的源泉，也是促使企业家展开机会捕获行为的动因之一①。马赫什·巴韦（Mahesh Bhave）指出，随时关注市场环境的变化、行业的波动规律和客户需求的变动的企业家成功开发机会的概率要远远大于对这些信息不够关心的企业家②。他们的这一研究结论直到现在也是适用的，每一次科技革新的浪潮中都会涌现出大量成功捕获到机会的企业家，例如，2014 年传出被脸书（Facebook）以 20 亿美元高价收购的欧酷拉（Oculus VR）公司创始人帕尔默（Palmer Luckey）③。

综上所述，在诸多的外部环境因素中，行业中技术发展状况以及技术更新周期、市场发育情况及需求波动、社会文化及普遍价值观、政府的政策法规这四个要素中蕴含着大量的机会，是促使企业家们进行机会识别和捕获的重要动机。而环境本身的包容性、动态性和复杂性也会在不同程度上影响企业家机会捕获的行为。同时，企业家与环境的互动会影响其资源和信息流，从而可能对其进行机会捕获产生进一步的影响。

三 机会捕获现有研究视角

识别到有价值的商业机会是企业赖以生存并持续发展的必要条件，但更为重要的是，企业家发现机会后能成功地捕获到这些机会才能真正实现企业的繁荣和发展。然而事实证明，并不是每个企业家发现或识别到了机会都能够成功捕获这些机会并获得成功。基于对现有文献的梳理和综述，可以发现，由于每个企业面临的环境和制度迥异，各个机会本身之间的差异，且企业家个人特质也因人而异，更因为每个企业家获取信息、整合资源的能力不尽相同，诸多

---

① Tushman M. L., Anderson P., "Technological discontinuities and organizational environments", *Administrative Science Quarterly*, Vol. 31, No. 3, 1986.

② Bhave M. P., "A process model of entrepreneurial venture creation", *Journal of Business Venturing*, 1994, Vol. 9, No. 3, 1994.

③ 搜狐 IT：《解密 Oculus 创始人：我很普通》，搜狐网（http://it.sohu.com/201403 26/n397237559.shtml）。

因素都会影响到企业家的机会捕获行为，并也可能导致不同的结果。但是，现有关于企业家机会捕获的研究还是主要停留在企业家的个体层面上，且没有较为统一的理论模型来描述企业家机会捕获的过程。目前，研究企业家机会捕获的研究视角可以归纳成以下三个：机会特质的视角、企业家特质的视角、基于资源的视角。学者们从这三个视角出发，提供了研究企业家机会捕获的不同思路，下面将逐一介绍这些研究视角。

（一）机会特质的视角

机会本身所具有的这些特质会影响企业家捕获和开发这些机会的意愿。由于不同机会在各个方面都表现得不尽相同，这些不同特质的展现会导致企业家对其价值期望的估计产生差异。企业家在进行机会捕获时，往往事先会对识别到的机会进行评估，以期望捕获到的机会是能够补偿其损失的其他机会成本如空闲时间的减少、投入的资金流动性较低或回报不确定等，同时他们也希望这些机会能为他们的企业带来利润，这也是他们捕获机会时最为考虑的核心问题。目前的研究中，企业家能够识别出机会，但并不是所有的企业家都能够认清机会的特质，并捕获具有更高商业价值的机会。站在这一研究视角的学者的研究表明，当行业内各企业利润相差较大，同时产业内技术波动较为剧烈且进入成本较低时，企业家往往都有明显机会捕获行为。总的来说，机会特质视角即是站在机会的特质不同导致企业家进行机会捕获行为不同的角度，来分析机会特质对于企业家机会捕获的影响。

（二）企业家特质的视角

现有研究表明，当企业家们识别到机会后，并不是所有企业家都能成功捕获到这些机会，又或者不同企业家捕获到的机会也会有所不同，这在某种程度上是由企业家自身的不同特质造成的。就如前文中论述的，企业家的个人背景、警觉性、先验知识和资源构成等诸多的因素都有可能会影响企业家的机会捕获行为。同时，由于机会也是各不相同的，因此，并不是所有有能力识别机会的企业家都会给机会同样的估计价值，也不一定会开发具有同样价值的机会。站在企业家特质视角来研究其机会捕获行为的研究者们，往往关注机会成本这一概念，他们认为企业家在捕获机会时更多的是考虑可能存在的机会成本，他们会更倾向去捕获机会成本较低的机会，同时，捕获机会的资源成本也是他们关注的问题。

当企业家的资金资源越充足时，其更有可能产生捕获机会的行为，且更容易成功。在后来的研究中，很多研究也都证实并进一步扩展了这个结果，企业家通过与拥有更多资源且能为他们提供更多资源的个体建立关系来获取资源，他们获取的资源越多，主动去开发机会的可能性也就越大。

学者们的研究还发现，企业家的先验知识越丰富，进行机会开发的倾向性也就越强。因为信息从先前经验到机会是具有可转移性的，这种可转移性会降低企业家的学习成本，使其对于开发机会所需成本的心理预期有所降低，因此具有更为丰富先验知识的企业家更乐于去捕获机会。

企业家进行机会捕获的行为同样也会受到其个人感知能力的影响。类似于对机会成本的评估，企业家对于时间、精力和资源的投入产出评估各有不同，虽然风险承担性是企业家精神的特质之一，但每个企业家风险承担能力和倾向却各不相同，有学者的研究结果显示，企业家个人风险承担性会对其机会捕获行为产生影响。类似地，企业家的警觉性、对问题的乐观程度等个体上的差异都会导致其机会捕获行为的不同。企业家们在开发机会时需要面对来自他人的质疑，因此能更好的自我肯定和自我控制能力的人才更有可能成功地开发机会。类似地，企业家在捕获机会时同样面临着大量的不确定性，能更好地控制不确定性的人更有可能成功地捕获机会。总的来说，企业家特质的视角就是利用个体差异来解释企业家捕获机会时产生的不同结果。

（三）资源视角

威廉·百格瑞夫（William Bygrave）的研究以资源的视角来研

究企业家的行为，他认为企业家新创企业的过程就是识别机会、评估机会、开发机会的连续过程，其中每个过程都伴随着资源的获取和再分配①。基于他的研究，有学者发现在企业家的这些对于机会的行为过程中，这些行为并不是完全独立的，例如，机会识别的过程和资源评价以及获取的过程就有明显的重合，而这一发现显然是更加符合现实情况的。事实上，企业家的机会捕获就是把一个识别出的可能的商业机会转变成一个可以实现的商业概念的过程。在这个过程中，企业家需要在不断利用自身资源的同时获取外部资源来补充自己已有的资源基础，这时候对于资源的评估是与机会捕获行为同时发生的。

在许多文献中，建立一个资源平台被认为是企业家成功捕获机会的一个重要前提条件，同时也是机会捕获的必然过程。但是，除了坎迪达·布拉什（Candida Brush）等学者发表在 2001 年的论文外，现有文献中并没有描述建立资源平台的具体过程②。他们在研究中提出了一个说明性模型，简单地描述了构建资源平台的过程。首先，企业家要预估捕获机会所需的资源，同时识别企业现有的资源，并据此确定资源需求及其潜在的获取资源的渠道。其次，企业家作为资源的组织者和协调员，需要进行交易来获取必要的资源，在这一过程中社会网络起到了重要作用。最后，企业家将获取的外部资源与企业本身所拥有的资源进行整合，实现对机会的捕获和开发。在这个阶段，企业家将商业概念转化成了一种现实的产品或服务。创造新的产品和服务是企业家在识别、开发的机会过程中相应市场需求的必然产物。

---

① Bygrave W. D. , "Theory building in the entrepreneurship paradigm", *Journal of Business Venturing*, Vol. 8, No. 3, 1994.

② Brush C. G. , Greene P. G. , Hart M. M. , "From initial idea to unique advantage: The entrepreneurial challenge of constructing a resource base", *The Academy of Management Executive*, Vol. 15, No. 1, 2001.

第二节　管理者关系的研究综述

一　管理者关系的概念

管理者关系作为一种重要的获取资源的渠道，在战略管理和企业家精神的研究中都获得了广泛的关注。马塔·格拉肯次（Marta Geletkanycz）和唐纳德·汉布里克（Donald Hambrick）在 1997 年发表的研究中首次给管理者关系一个明确的定义，即管理者关系指的是"管理者的边界扩展活动和与相关外部实体的交互"[①]。

管理者关系对于中国的企业家以及企业运营来说都非常的重要，它是中国企业家在进行商业活动时一种使用非常频繁的重要手段。由于中国几千年来都处于人治而不是法治的阶段，就算到了近代也没有完全脱离人治而成为严格意义上的法治，因此"人"的作用在各个领域都不可忽视，而中国人的经商无论是盛极一时的晋商、徽商还是后期的红顶商人等，他们在商业交易的活动中都有利用管理者关系的传统。

虽然管理者关系在中国运用十分广泛，但国内学者并没有将这一概念抽象成一个成型的理论。自法国社会学家布尔迪厄（Bourdieu）和美国社会学家科尔曼（Coleman）开始关注和研究社会资本（social capital）以来，社会资本成为社会学、经济学和管理学研究中最重要的概念和理论之一。管理者关系作为一种重要的社会资本，有必要在这里对社会资本做一个综合的论述。

自提出社会资本这个概念以来，有许多学者对社会资本进行了界定。波茨（Alejandro Portes）在 1998 年的研究中认为社会资本是嵌入在社会网络关系中的一系列资源，社会资本代表了主体利用社

---

① Geletkanycz M. A., Hambrick D. C., "The external ties of top executives: Implications for strategic choice and performance", *Administrative Science Quarterly*, Vol. 42, No. 4, 1997.

会网络或者社会结构中的其他成员获取收益的能力①。因此，学者们逐渐认为社会资本的价值不仅仅在于主体连接的嵌入网络结构的影响，还应当考虑这些网络结构关系质量的影响。国内学者也对社会资本进行了界定。我国学者边燕杰和丘海雄的研究认为社会资本是组织通过与外部社会建立关系从而获取某些重要或稀缺资源的能力②。他们指出，对于企业而言，社会资本的概念不是简单地将社会学的社会资本概念套在企业上，企业是经济活动的主体，通过与外部环境中各个实体发生联系成为一个网络中的节点，而节点之间的联系成为获取稀缺资源的一种能力，这种能力就是企业的社会资本。陈劲和李飞宇则认为，社会资本可分为企业与市场上竞争者和同行之间的水平联系，与供应商、下游分销商之间的纵向联系，以及与市场上其他利益相关者，如政府机构、行业协会等实体的交叉联系，企业通过不同类型的联系获取重要的信息、技术和资源，这些联系、通过联系获取资源的能力以及获取的资源之和统称为企业的社会资本③。

第一个对社会资本做出系统分析的学者是布尔迪厄，他认为不同形式的资本（经济、文化和社会）是实际经济中一般科学的关键基础。他将社会资本定义为"现实或潜在资源的集合体，这些资源与拥有或多或少制度化的共同熟识和认可的关系网络有关"。根据这个定义，可将社会资本划分为两个组成部分：管理者的关系网络，它是个体访问群体拥有资源的渠道；从关系网络中获取到资源的数量和质量。对于任何人，社会资本的总量是其所处的网络大小及网络中其他成员拥有的资源函数。资源既可以是现在看到（现实的）也可以在未来实现（潜在的），而网络则是这个定义中更为有

---

① Portes A., "Social Capital: Its Origins and Applications in Modern Sociology", *Annual Review of Sociology*, Vol. 24, No. 1, 1998.

② 边燕杰、丘海雄：《企业的社会资本及其功效》，《中国社会科学》2000 年第 2 期。

③ 陈劲、李飞宇：《社会资本：对技术创新的社会学诠释》，《科学学研究》2001 年第 19 期。

形的组成部分。在布尔迪厄研究的基础上，科尔曼在之后的研究中也引入了社会资本的概念，并将其与其他资本（物力资本、人力资本）进行了比较。他认同布尔迪厄的观点：即社会资本与个体或者小群体，如家庭相关的资源。

然而，科尔曼的观点在几个重要方面与布尔迪厄存在分歧。首先，他将社会资本定义为功能。"社会资本并不是一个简单的实体，而是由具有两种特征的多种不同实体构成的：它们全部由社会结构的某个方面组成，促进了处在该结构内的个体的某些行动"①。社会结构的资源不仅可以成为增加个人利益的手段，也可以对达成集体行动发挥作用。其次，科尔曼看到了个体对社会资本的投资对其他主体积极的溢出作用。因为社会资本具有公共物品的性质，个体的投资可能不足，结果导致社会瓦解。科尔曼认为，这个供给问题可以通过设计正式的组织以代替家庭和社区来克服。由于科尔曼对社会资本的定义努力地吸收了一些经济学原理，而且更容易被使用，因此其在随后的美国学者的分析中占据了优势。然而，在1998年，美国另一位著名学者波茨指出科尔曼不甚准确的定义会引起一些混淆，导致研究者仍然不清楚社会资本指的是个体参与的社会结构还是在结构中流动的收益，从而减弱了社会资本的解释力。

随后，社会资本的研究开始了广泛的发展。有学者将社会资本与资本、人力资本和文化资本进行比较研究。他们认为，社会资本是可以度量的，这些学者基于社会网络理论将社会资本定义为"嵌入在社会网络中的可以被行动主体用于增加特定行为成功可能性的资源"。在分析了有关社会资本的四个争论后给出了答案：第一，社会资本是集体资产还是个体资产？两者皆可，但是不能将它与信任和规范相混同，后两者只能是集体资产。第二，社会资本来自封闭的网络还是开放的网络？20世纪70年代的社会资本研究中有一

---

① Coleman J. , "Social capital in the creation of human capital", *American Journal of Sociology*, Vol. 94, 1988.

个经典的观点：弱联系也能带来资源，这一观点衍生出很多容易被接受，但并不总是能得到证实的观点：密集的网络有利于保持资源，并且由情感行为所建立；而桥联系有利于搜寻和获取资源，并且由工具性联系所建立。第三，社会资本包含了所有创造收益的社会结构资源吗？并非如此，这样可能将原因和结果混同了。第四，社会资本可度量吗？社会资本是个人或团队可用的善意。其来源是个人管理者关系的结构和内容，它的影响力来自个人可利用的信息、影响和凝聚力。

在战略管理领域，也有大量学者对社会资本的概念进行了研究。社会资本被定义为企业通过占有和利用持久的企业间关系网络为企业获取收益的资源总和。在组织内部，社会资本可以降低交易成本、促进信息的流动、知识创造和积累，提高企业创造力。在组织外部，社会资本可以提高联盟的成功率，通过企业间关系带来的信息流量（volume）、信息多样性（diversity）、信息的丰富性（richness）获取信息收益。社会资本有利于企业家精神和新创企业的形成和发展；社会资本加强了与供应商的关系、区域生产网络和企业间学习；社会资本能够促进企业通过嵌入网络中的桥联系提高竞争能力。社会资本概念的应用幅度反映了社会生活的原始特征：一种社会联系通常能被用于各种不同目的，这被称为社会结构的可挪用性。社会资本曾经被表述为非正式组织、信任、文化、社会支持、社会交易、社会资源、嵌入、关系合同、社会网络和企业家网络等，这些都可以看作是社会资本在不同环境下被应用的具体表现。

社会资本对企业获取持续竞争能力具有以下的潜在优势：第一，外部经济活动交易费用的降低。社会网络通过充分的信息沟通和交换，有助于双方减少信息不对称，且通过多次重复的信息共享和合作，增强信任，有利于降低交易费用。第二，有助于企业资源管理效率的改善。由于社会资本协助企业从外部环境中获取稀缺资源，能够与内部已有资源产生更好的协作或互补效应，从而提高管理效率。第三，改善企业内部管理。社会资本可以提高员工间合作的效率，降低组织内部管理成本，并且利用充分的信息共享创造更多的新知识等智力资本，以更好地应用现有资源，提高管理效率。最后，部分学者观察到社会资本不仅仅能为个人、组织内部以及组织联盟带来收益，社会资本的形成同时还需要付出成本。在社会资本建立初期，个人与组织往往需要投入较多的时间和金钱成本。另外，个人和组织对于社会资本的依赖，可能导致能力陷阱，从而不注重自身能力构建或其他资源的吸收；强联系往往带来同质冗余资源，不利于企业合理开发全新的机会。

二　中国的管理者关系

从 20 世纪 80 年代开始，中国的制度框架就开始发生了重大的改变，对企业的成长战略和经营管理模式构成了直接的影响。在这些正式的限制性因素中，最明显的变化是中央计划体制的逐步解体，换之为更加市场化的，有利于经济交换的体制。然而，与此同时，完善的产权和法律体系，即市场经济发展过程中所必需的正式约束，却没有相应地建立起来，而且政府干预行为仍然存在，经济和产业政策并不稳定。按照世界银行的说法，"一个分散的市场经济在没有完善的商业法律体系的情况下就不可能稳定地运行"，缺少正式的制度约束将导致高交易成本。

在这样一个正式制度约束较弱的环境中，非正式制度约束（如企业管理者建立的人际关系）在促进经济交易过程中可能起到更为重要的作用，从而改善了组织的学习过程，促进了企业绩效。"在中国，认识的人比你了解的知识更重要"[1]。转型经济条件下，政府依然掌握着大量资源，如扶持基金和土地，得不到政府扶持的企业就很难快速及时地获取银行贷款，也很难从政府中获得上市的批准。另外，政府采购在很多行业中占据了主要的市场份额，如中国铁路和飞机产业等，好多工程都是政府作为业主进行招标。企业要

---

① Yeung Irene Y. M., Tung R. L., "Achieving business success in Confucian societies: The importance of 'guanxi' (connections)", *Organizational Dynamics*, Vol. 25, No. 2, 1996.

获取这些资源和项目，通过公共关系策划与政府部门建立关系是必不可少的，只有这样才能让政府更加了解企业、关注企业，从而把资源或者项目放心地交给企业。更为重要的是，转型经济条件下，政府的相关政策法规随着环境的变化经常发生变动。这时企业为了获得来自政府部门的信任，必须给政府作出一定的较为正式的承诺，即他们会去积极地响应政府部门的号召，并可以主动地摆出一个较高的姿态去为政府分担很大一部分的社会责任。通过这种途径与政府部门建立关系，有利于企业与政府的沟通，从而了解政府相关政策法规的变化，了解政府对企业的指导政策。

除了与政府部门建立关系以外，企业还需要与其他企业（如供应商和客户）建立良好的关系。转型经济条件下，中国企业对资金和技术通常都较为缺乏，与其他企业建立良好的关系是获得资金和技术来源的重要渠道。企业还可以通过与顾客的关系及时了解市场信息，追踪市场动向，分析消费者心理，及时调整产品结构，以适应市场需求的变化。此外，有些初创企业没有知名度，通过与知名企业建立关系，成为其供应商可以建立企业的正统性，迅速为市场所熟悉和接受。这里需要指出的是转型经济的制度缺失是企业通过建立关系进行合作的重要原因。由于转型经济条件下，法制体系不完善导致企业间诚信的缺失。从统计数据中可以看到，全国目前每年约有 40 亿份合同被订立，标的高达 140 万亿元。但近十几年来，却仅仅只有不到半数的合同被成功履行。《经济合同法》实施以来，违约率在逐渐下降，但是企业的信用仍然没有很好的约束。据不完全统计，中国企业每年因信用缺失而导致的直接和间接经济损失高达 6000 亿元。一些企业为了防止受骗，在市场交易中只好步步为营，如履薄冰。企业间的社会关系为企业提供了一种了解合作伙伴的途径，有利于彼此之间信任关系的建立，因此许多企业更愿意与具有良好社会关系的企业进行合作。

综合上述企业实践的分析，尽管随着改革开放的不断深入我国已经建立了高效的商业基础设施，因此改变了传统的关系在企业运作过程中的作用。但是，由于我国依然处于转型时期，产权和法律体系需要进一步完善，企业仍然需要通过与政府部门和其他企业建立关系来弥补制度的缺陷。但是，中国企业通常缺乏必要的技术和资源，需要充分利用和借鉴其他企业的经验、技术和知识，或者从政府部门得到资源帮助。在转型时期，由于制度的缺失许多企业利用其建立的社会关系来帮助其获取技术和资源，特别是在知识和技术等无形产品的交易过程中，通过信任和声望等社会和关系因素来降低机会主义行为变得比契约和法律更加有效。因此，在转型经济条件下，企业建立的社会关系可能对企业家对机会的捕获产生影响。

社会资本概念的形成和发展主要发生在西方，而在中国与之相近的概念——关系——在过去的20年中受到越来越多的广泛关注，逐渐在西方的文化人类学、社会学、社会心理学、政治学、企业管理等的主流文献中成为一种合法的社会——文化概念。部分原因是由于中国的经济不断增长，而在中国，关系的实践是一种规范。这种关注也可以归因为这样的事实，即随着西方企业开始采用关系实践如关系营销，关系实践变得越来越广泛。

（一）"关系"的内涵

尽管关系的含义在中国社会的不同群体存在差异，并且在特定的中国社会也会随着时间而改变。但是，人们仍然可以在中国的古代哲学尤其是儒家经典中追寻关系的基本含义。关系的文化基础是中国的集体主义而非个人主义的文化。在以儒家哲学为代表的中国文化中，个人显得没有他在西方社会那么重要。社会由家庭和集体组成，而非个人，这被称为"群体意识"。即使"人"这个字在汉语中比在英语中具有更多的含义。在汉语中，人包含了关系网，没有关系网人就变得没有意义。例如，成功和失败不能在个人层面来分析。中国社会中的合作依赖于可靠的个人关系的构建。关系的含义丰富而复杂。许多学者试图详细说明这个概念，但是到目前为止仍然没有统一的意见。在市场受限制并且充满稀缺产品的环境下，关系替代了非个人的市场交易，因此关系是涉及互相帮助或者依赖个人联系或小的腐败来获取公共物品和私人物品的社会关系。

关系也被认为是一种个人定义的互惠联系的网络。关系是指包含了互相帮助、给面子或者社会地位的个人联系，网络的概念适合于抓住关系的关键本质。还有学者将关系定义为"暗示着连续的互相帮助的友谊"①。研究中国等发展中国家企业的学者一般认为关系是支配中国和东亚商业活动的非正式联系的网络和互相帮助，它是一种基于个人关系的古代制度。关系在中国已经存在很长时间了，它深深地嵌入中华上下五千年的传统文化中。自公元前六世纪孔子将社会规则、价值和权威的层级结构以文字的形式记录下来，中国社会就像一个巨大的宗族网络一样在发挥作用。关系在一系列同心圆中发挥作用，亲近的家庭成员位于中心位置，而亲属、同学、朋友和熟人根据关系的远近和信任的程度依次安排在外围。当个人依靠自身能力无法完成某项任务时，他就会动员关系网络来达到其想实现的目的。

关系是利用联系以在个人联系中获取帮助的概念。他们认为关系完全基于互相帮助，而不是感情依赖。相应的，关系网络并不一定包含友谊，尽管倾向于建立友谊。关系一般有以下几大原则：

第一，关系是一种个人关系（Relationship）。传统的中国社会制度是根据个人之间的二元联系定义的。人被定义为社会的和交往的生命体，而不是孤立的、分离的个体。关系的社会哲学被儒家称为伦理：一种差异化的等级，如"君臣、父子"。中国人的联系是以自我为中心向周围辐射的社会空间，就像掉进水中的石子产生的波纹一样。即使现有很多研究从组织层面研究关系与企业绩效或竞争优势的关系，但是学者们明确指出，"企业间关系是指不同企业经理人之间的联系，而企业与政府部门的关系是指企业经理与政府

---

① Tsang Erik W. K., "A longitudinal study of corporate social reporting in Singapore: the case of the banking, food and beverages and hotel industries", *Accounting, Auditing & Accountability Journal*, Vol. 11, No. 5, 1998.

官员之间的个人关系"。

第二，关系是互惠的。关系基于互惠，即传统的报答概念，当一个人为其他人帮忙并视之为社会投资，希望得到回报。这种互相帮助包含了从日常生活中必需的稀缺资源到工作机会、商业信息以及其他收益。欠他人一个人情使个体有义务在晚些时候做出回报，但是具体时间并没有限定，而且帮助并不一定是等价的。但是，在西方的网络中，互惠通常包含了大体等值的交换。如果一个人拒绝对帮助给以回报或者不遵循互惠的规则，那么他就被认为是不可信的。

第三，关系是可以转移的。这种转移通过某个共同的连接进行（如 A 和 C 的关系通过共同的关系对象 B 建立）。可转移的程度依赖于 A 和 C 与 B 建立的关系强度。

第四，关系是无形的。关系的长期生命力依赖于关系对象对关系和对方的承诺。关系不能具体指明交易帮助（change of favors）的范围和频率，关系双方通过看不见的、不成文的互惠和公平原则绑定在一起。不尊重这种承诺会大大损害一个人的声望，从而会感觉没有面子或失去威望。

第五，关系是功利的。中国背景下社会交易的人际关系一般可以分为三类：情感型关系、工具型关系和混合型关系。情感型关系主要发生在家庭成员、紧密的朋友和像家庭一样的群体中，它是建立在感情的基础上的，这种关系是建立在责任基础上的持久、稳定关系；工具型关系是指为了实现特定目标，存在于那些短期交往的人之间，如推销员和顾客，陌生人之间的关系是工具性关系，这是一种不稳固的、暂时性的关系；混合型关系处于两者之间，它存在于彼此互相了解并且期望长期交往的人之间，例如，作者将供应商与客户之间的关系看作一种工具性关系，而父子之间的关系是一种典型的情感关系。

（二）关系的分类

在中国，"关系"是高度个性化（individual）和特殊化（particularistic）的。关系因其性质、目的和基础的不同而存在很多分类。这些分类大多将关系看作互惠的或者功利的而不是情感依赖的。事实上，有些关系类型是这样的，但其他一些可能并非如此。例如，家庭成员的关系并非一定是互惠或功利的，而是负有责任和承诺的。一些文章将亲属关系看作情感导向的，而另外一些将其看作互惠的。当然，更多的关系是带有功利性的。

在转型经济中，与供应商管理者建立紧密关系能够帮助企业获取高质量的原材料，商品服务，以及及时的货物递送。与客户建立密切关系能够激发客户的忠诚度、销售量以及可信赖的付款。还有，与竞争企业的管理者建立密切关系能够促进可能的企业间合作和隐性共谋。此外，以往研究表明企业也会与政府官员建立良好的个人关系，因为政府各级官员仍然有相当的项目审批和配置资源的权力。与商业协会建立良好的关系可以为企业提供交换信息的平台，鼓励企业间合作和其他合作活动。根据外部实体的不同，管理者关系分为不同的类型。美国两位著名华人学者彭维刚和陆亚东认为，在网络中构建管理者关系即可以定义为企业为了获取和保持竞争优势而与其他企业建立的合作关系①。

在中国，企业的管理者着重培养两种具体的管理者关系。第一类是企业管理者与其他企业的管理者，包括供应商、客户和竞争者，建立的商业关系。在动态变化的环境中，企业更有可能动用与其他企业建立的商业关系。作为一种独特的关系类型，中国企业的管理者需要与政府官员建立关系。尽管中国经历了40年的改革，各级政府官员仍然有相当的权力审批项目和配置资源，政府对企业经营和治理的直接干预是企业面临的一大威胁。与政府官员建立良好的关系可以帮助企业更好地管理环境不确定从而提高企业绩效。香港学者李娟在其2005年的研究中也将管理者关系分为商业关系和政

---

① Peng Mike W., Luo Y., "Managerial ties and firm performance in a transitioneconomy: the nature of a micro－macro link", *Academy of Management Journal*, Vol. 43, No. 3, 2000.

治关系两类。其中，商业关系为企业与外部实体建立的横向关系，而政治关系为企业与外部实体建立的纵向关系。他的研究发现，由于目前我国处于转型经济时期，市场机制还不够成熟，相关的支持制度不够健全，执行力也不够，管理者网络作为政府制度支持或制度特权的替代发挥作用①。美国华人学者张燕和李海洋在其 2008 年发表的论文中也有类似的研究结论，他们将管理者关系划分为商业关系和政治关系两类。其中，商业关系为企业与外部实体建立的横向关系，而政治关系为企业与外部实体建立的纵向关系，这两种关系对于中国企业而言，都是对目前不够完善的市场制度的一种替代②。

综上所述，管理者关系对很多地区，尤其是新兴经济国家企业的发展有很大的影响。而且，由于市场化程度的不同，企业家面临的制度环境也不尽相同，所以不同区域的管理者关系呈现出不同的特点。总的来说，商业关系和政治关系作为两种重要的管理者关系已受到中外学者的广泛认同和关注。

三　管理者关系对企业的影响

现有关于管理者关系与绩效关系的研究主要分为三类：①管理者关系对企业绩效的直接影响研究；②权变因素的调节影响研究；③管理者关系与绩效的中介过程研究。

首先，很多研究关注管理者关系对企业绩效的直接影响。例如，在美国学者彭维刚和陆亚东 2000 年的论文中，他们的研究发现，管理者与其他企业管理者的商业关系、管理者与政府官员的关系都与企业绩效正相关。李娟的研究发现，对在中国经营的外商投资企业来说，管理者网络也与其绩效存在正相关关系。在基于资源观点和交易成本理论的基础上，李海洋和张燕在 2007 年的论文中研究样本是我国 184 家技术新创企业，实证研究的结果显示，在中国目前所

---

① Li Julie Juan, "The formation of managerial networks of foreign firms in China: The effects of strategic orientations", *Asia Pacific Journal of Management*, Vol. 22, No. 4, 2005.

② Zhang Shujun, Li X., "Managerial ties, firm resources, and performance of cluster firms", *Asia Pacific Journal of Management*, Vol. 25, No. 4, 2008.

处的转型时期中，企业管理者通过与政府官员建立和保持良好的关系，能促进企业获取更好的创新绩效①。

随着我国市场经济转型的不断深入和发展，有一部分研究显示，我国企业家越来越倾向于建立单纯的商业关系，对于支持性的政治关系的建立反而逐渐减弱，因此有的学者认为，随着我国市场经济体制的不断完善，商业关系比政治关系对企业绩效的影响更为强烈。例如，有学者通过比较在中国经营的国内外企业，发现国内企业的管理者关系会正向促进企业的绩效。而由于关系使用所需要的思维与国外企业管理者的思维不兼容，在管理者关系使用强度增大时，国外企业无法有效使用通过关系获取到的信息，因此管理者关系与国外企业绩效存在倒"U"形关系。还有研究发现与客户的关系能提高客户忠诚度从而最小化交易成本和商业不确定性，进而提高企业销售增长。与供应商培养关系能够帮助企业获取高质量的原材料、收获良好的服务以及及时的送货。与竞争者培养可以促进资源共享和隐性合谋，从而降低竞争成本和运作变数。另外，关系构建也需要责任和成本，也就是人情②。关系是互惠的、功利的，因此培养和维持关系虽然能够提高企业销售量，也需要付出成本。尤其在经济转型时期，结构调整迫使关系培养需要投入大量的财务资源。因此，关系网络的使用不一定会提高企业利润增长。

其次，权变研究被广泛引入管理者关系与绩效研究中。由于管理者关系的使用是一个情境依赖的话题。在以往研究中，很多权变因素被引入管理者关系与绩效研究中，从而深化了我们对管理者关系作用发挥过程的理解。企业的所有权类型、行业分类、企业规模以及行业增长率等会影响管理者关系对企业绩效的促进作用。例

---

① Li Haiyang, Zhang Y., "The role of managers' political networking and functional experience in new venture performance: Evidence from china's transition economy", *Strategic Management Journal*, Vol. 28, No. 8, 2007.

② Park Seung Ho, Luo Y., "Guanxi and organizational dynamics: Organizational networking in Chinese firms", *Strategic Management Journal*, Vol. 22, No. 5, 2001.

如，非国有企业由于缺乏正统性更需要建立商业关系和政治关系，因此非国有企业中管理者关系对绩效的影响更大。由于小企业存在"新进入的缺陷"，相比大企业而言更需要通过建立管理者关系来帮助其获取好的企业绩效。除此之外，其他一些权变因素也被引入管理者关系与绩效的研究框架中。在不良竞争程度越高的环境中，政治网络对企业绩效的影响更大；当企业面临动荡的市场竞争、不确定的行业环境时，管理者关系对企业绩效的作用更为明显，而当企业家导向越强、技术能力越好、财务资源越充裕时，管理者关系也会对企业绩效产生更为强烈的影响；管理者关系对绩效的影响也会因为企业采取了不同的竞争战略而有所不同。从上述分析可知，在认同管理者关系的作用发挥受到权变因素影响的基础上，很多关键要素，特别是企业所处环境的特征要素和组织本身的属性要素被引入管理者关系与绩效研究中，从而对两者关系提供了更为细致的描述。总的来说，学者们都普遍认识到权变研究深入了解管理者关系作用发挥的积极作用。经总结，我们发现学者们主要考察了组织特征因素、环境因素和制度因素。

最后，近年来，也有研究开始关注管理者关系影响企业绩效的路径。例如，台湾学者吴雷宇在其2008年的研究中指出，通过促进组织间信息共享程度，企业的外部网络关系能提高企业竞争力和绩效[1]；比尔·麦克艾维利（Bill McEvily）和他的同事认为，组织间的关系嵌入会通过"共同问题解决"这一中介过程来促进企业构建能力和获取绩效[2]；芙洛拉·古（Flora Gu）以及他的同事在2008年发表的论文中研究了我国282家消费品行业中的企业，发现管理者关系会通过影响企业的渠道能力和反应能力来影响企业的市场绩

① Wu Leiyu, "Entrepreneurial resources, dynamic capabilities and start – up performance of Taiwan's high – tech firms", *Journal of Business Research*, Vol. 60, 2007.

② McEvily Bill, Marcus A., "Embedded ties and the acquisition of competitive capabilities", *Strategic Management Journal*, Vol. 26, No. 11, 2005.

效①。尽管关于中介过程的研究数量仍然不多，但学者们已经认识到信息共享、企业能力等因素在管理者关系影响绩效过程中发挥的重要中介作用，这为进一步研究奠定了基础。

根据对现有关系相关文献的阅读、理解和总结，我们认为管理者关系对企业的作用主要体现在以下四个方面：（1）降低环境不确定性；（2）建立或提升企业正统性与声誉；（3）获取企业所需要的资源和能力；（4）识别和开发商业机会。当然，企业建立商业关系和政治关系的动机和需求也有所差异。例如，政治关系可以为企业提供政策性支持（如资金和土地），既可以通过项目审批等方式为企业带来发展的机会，也可以提高企业的制度正统性；而商业关系既可以为企业带来市场导向的资源和知识，通过战略联盟的方式抵御环境不确定性带来的威胁，也可以通过与客户建立良好的关系了解消费者需求，进而发现新的市场机会，当然商业关系也可以为企业带来外部正统性，提高企业的市场地位。

第三节 制度理论及其研究

一 制度与制度环境

制度理论（Institutional Thory）起源于 19 世纪，目前关于制度理论的研究已经深入各个领域，如经济学、社会学和政治学等，并且在各个领域内都形成了不同的研究体系。制度理论的分支可以进行细致的划分，具体可以分为交易成本经济学、经济历史、社会学、组织学和政治学五个方面的研究，下面对这五个领域进行简单的介绍。

1. 交易成本经济学

其关于制度的具体内容主要涉及治理结构，关注在市场、成绩

---

① Gu Flora F., Hung K., Tse D. K., "When does guanxi matter? Issues of capitalization and its dark sides", *Journal of Marketing*, Vol. 72, No. 4, 2008.

或者混合的结构上，核心逻辑是"减少交易成本的制度是最为有效的制度"。以威廉姆森为代表的交易成本经济学关注组织的治理结构选择问题，分析组织如何选择合适的治理结构以达到交易成本最小化的问题。

2. 经济历史

该领域中制度的主要内容是指认为涉及的形式和改变人类行为的一种约束。这个领域的学者将分析焦点放在历史性的经济发展和经济绩效上，他们认为，制度的变化能够指导经济的变化和历史性的绩效。该领域代表性人物诺斯在 20 世纪 90 年代初的研究关注经济发展与绩效，研究如何通过制度设计指导经济发展和改善绩效。

3. 社会学

社会学作为制度理论研究的起点，对于制度理论的研究历史非常悠久，研究成果也很丰硕。社会学的学者们认为制度的主要内容是一种达到特定状态和特性的标准化的交互模式，他们的研究重点在于对行业、专业组织和国家内部的社会行动进行分析。该领域的学者普遍认可的观点是：制度化的过程是通过规则、共享价值观、正统性描述和管理的扩散来实现的。在这一领域的研究中，主要是通过对社会参与者交互模式的分析，揭示制度化的过程。

4. 组织学

这一领域的学者认为，制度是在社会构建的现实中的正统性的规则，研究的核心内容是官僚体系，他们的研究结果认为，制度环境能够决定组织的结构和行为。他们研究关注组织结构的同一性问题，强调制度环境对组织行为的影响，这一结论后来也被广泛地应用到了战略管理领域的研究中。制度理论研究有组织作为制度和环境作为制度两种方法。组织作为制度的核心过程为在组织层面创造和形成新的文化元素；环境作为制度的基本过程为在组织层面复制系统范围内的社会事实。随后的研究出现如下趋势：从理论构建向实证研究深化、从单个组织扩展到组织间和组织内的各个层次、从组织结构趋同扩展到战略趋同、正统性机制和效率机制开始融合、从对制度环境的被动反应到主动反应、从制度对组织的影响到组织对制度环境的影响。

5. 政治学

在政治学中，制度被认为是使行为一致的规则和程序的集合，且行为主体是遵循制度规则的（或者说行为主体的行为是适合制度规则的）。政治学的分析焦点主要集中在政治组织和公共政策方面。战略管理英语中，研究政治学的学者主要关注制度如何影响人们的政治生活。

虽然管理学领域较晚引入制度理论，但制度理论对于管理学领域的研究具有深远的意义，基于本书的研究问题，下面将重点阐述管理学中的制度理论相关问题。在管理学领域中，学者们对制度提出了不同的概念，诺斯等把制度定义为用于建立生产、交换和分配的政治的、社会的、法律的基本规则。周雪光认为，制度通常指稳定重复的、有意义的符号或行为规范[①]。斯科特则认为制度由规制性制度、规范性制度和文化认知制度构成，表2-3是对三种制度的比较。

表2-3　　　　规制性、规范性和文化认知三种制度的比较

	规制性制度	规范性制度	文化认知制度
遵守的基础	利己	社会公认行为规则的约束	共享的理解力、约定俗成
扩散机制	强制	规范性	模仿
表现形式	法律、规则、制裁	经验法则、标准程序、职业标准以及教育履历	共享的价值观、信仰以及认知框架
正统性基础	法律认可	社会道德的约束	文化、知识

资料来源：Scott W. R. , *Institutions and organizations. thousand*, Thousand Oaks, CA：Sage，1995.

---

① 周雪光：《西方社会学干预中国组织与制度变迁研究状况评述》，《社会学研究》1999 年第 4 期。

制度理论把企业环境区分为制度环境与技术环境，并强调制度环境对组织的影响。制度环境以各种规则和要求的详细描述为特征，组织如果想要获得来自环境的支持就必须服从这些规则与要求。制度环境指组织生存于其中的社会的法律制度、文化观念和社会规范等因素。可见，制度环境是组织所处环境中的制度所构成的影响组织行为的因素。比较技术环境与制度环境能够帮助我们认识制度环境及其对组织的影响。

二 制度环境对企业的影响

关于制度环境对企业的影响，早期理论强调企业必须服从制度环境的压力。但是，随着制度理论的发展，学者们认识到企业在面对制度环境的压力时并不只是消极服从，也可以积极地做出反应。最具有代表性的就是马克·萨奇曼（Mark Suchman）和奥利弗的研究。萨奇曼分析了组织面对制度环境压力时对制度环境的反应[①]。奥利弗指出，当组织面对制度环境的压力时，并非只能一味地墨守成规，而是有"反应"上的不同[②]。他将可能产生的反应，从被动接受到积极抗拒或操纵制度约束区分为五种战略：默从（Acquiesce）、妥协（Compromise）、回避（Avoid）、抗拒（Defy）和操纵（Manipulate）。默从即组织完全接受制度环境的压力；妥协即组织根据制度的压力和本身的情况采取折中的态度；回避即组织在满足要求的前提下减去部分的制度压力或是隐藏；抗拒即组织反抗制度环境的压力；操纵即组织有目的地、有计划地试图参与、影响或控制环境。在每种战略下，组织还可以选择不同的战术。在默从战略中，可以选择适应、模仿或顺从，适应即追寻无形的、众所公认的规范，模仿则是指模仿常规的制度模式，而顺从则是遵守有形的规

① Suchman Mark C.，"Managing legitimacy：strategic and institutional approaches"，*Academy of Management Review*，20（3），1995.

② Oliver Christine，"The influence of institutional and task environment relationship on organizational performance：the canadian construction industry"，*Journal of Management Studies*，34（1），1997.

则和要求；妥协战略中，也有三种不同战术可供选择，可以平衡不同参与群体的期望（平衡），或者安抚和满足不同制度要素的需求（安抚），还可以与制度环境的利益相关人进行讨价还价（讨价还价）；而回避战略则较为消极，选择隐藏战术时，需要掩饰现存企业与制度环境的不一致，而缓冲战略则是降低企业与环境之间的联系程度，或者干脆选择改变目标、行为的逃避战术；在抗拒战略中，组织可以对外部制度环境不理会，进而忽视明确的标准和规范，或者挑战现有的规则和要求，又或者对现有制度压力进行主动的进攻；在最后一种操纵战略中，组织可以选择指派战术，即引入有影响力的参与群体来对外部制度环境做出反应，或是通过自身影响力来塑造和形成新的制度标准，另外一种控制战术，则是让组织自己来主导制度环境组成要素和形成过程。

可以确定的是，环境对于企业的影响在文献中都是一直被关注的。但是，战略领域的学者总是更喜欢"任务环境"（task environment），他们更多地关注于经济学的变量如市场需求和技术变化等。直到 20 世纪 90 年代中期，学者们才逐渐将注意力从任务环境转移到制度、组织和战略选择的交互中来。这时，基于市场的制度理论框架被大家理所当然地接受，而正式制度如法律和规范，以及非正式制度如文化和行为准则被认为是一种背景。这时，一些学者认为仅仅把制度当作一种背景是不够的，这样的缺陷在研究新兴经济体中的公司战略问题时显得更加突出。换句话说，当在发达经济体中市场能够顺畅地运作时，市场支撑机制几乎是看不到的，但是在新兴经济体中，市场化运作非常有限，缺乏强有力的市场支持制度的缺乏是显而易见的。20 世纪 90 年代以来，新兴经济体的经济蓬勃发展，越来越多的学者开始关注这一领域。事实上，制度视角是在新兴经济体中研究战略问题的一个非常行之有效的工具。

很明显，仅仅把制度当作背景或者作为控制变量出现在研究中已经不够了。我们可以把制度当作自变量，这时主要关注的是制度和组织间的动态交互，并且认为组织的战略选择是这一交互的产物。在彭维刚 2003 年的研究中，如图 2 - 1 所示，作者认为企业的战略选择不仅仅是产业条件和企业自身能力的结果，同时也是应对外部正式和非正式制度约束的一种反应。

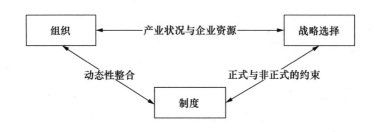

图 2 - 1　制度、组织和战略选择的互动关系

资料来源：Peng Mike W.，"Institutional transitions and strategic choices"，*Acadey of Management Review*，Vol. 28，No. 2，2003.

三　制度理论在管理研究中的应用

由于制度理论的重要价值以及本书的研究问题，本部分重点回顾制度理论在管理理论研究中的应用。新制度理论（New Institutionalis 或 Neo - Institutionalism）关注于社会结构深层次的反馈方面，即制度如何影响社会以及与社会的交互方式。最近几十年里，在社会科学领域关注于新制度理论的知识思潮中，很大一部分战略管理的研究者已经逐渐意识到，制度对企业经营活动的影响已经不仅仅是作为一种情景因素。取而代之的是，制度被认为可以直接影响企业战略的形成和实施。基于此，学术界兴起了一阵基于制度的战略管理研究热潮。基于制度的战略视角研究，已经被视为拉动战略管理领域发展的"三驾马车"之一，另外两大推动因素分别是迈克尔·波特（Micheal Porter）基于产业的观点和 J. 巴尼基于资源的观点，如图 2 - 2 所示。

在管理学的研究领域中，制度理论主要用来分析制度转型国家的企业管理问题，但目前大多数学者都将研究背景放在了拥有成熟市场经济条件的区域。然而，随着包括中国在内的大型新兴国家的崛起，处于制度转型、市场经济不够完善环境中企业所面临的特殊管理问题也越来越吸引研究者的关注。在这样的背景下，分析的重点就体现在制度环境对企业战略选择的影响上，以及制度差异所造成的转型国家独特的管理问题。

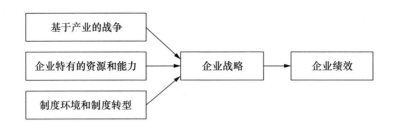

图 2 - 2 基于制度视角的战略研究"三驾马车"

资料来源：Peng Mike W. , Sun S. L. , Pinkham B. , et al, "The Institution - Based View as a Third Leg for a Strategy Tripod", *Academy of Management Perspectives*, Vol. 23, No. 3, 2009.

在转型经济背景下，制度环境在很大程度上影响了企业的战略选择，同时也对企业战略的实际效果的发挥有重要作用。战略管理领域的彭维刚教授对制度环境对企业战略的作用进行了一系列的深入研究。具体来说，他提出了三种企业成长的战略选择：一般性的内部扩张、兼并和收购方式的扩张以及通过建立组织间关系的扩张。随后分析了在制度转型的过程中，转型经济国家企业的特征及其所面临的制度环境的特征。即在计划经济时期，是中央计划的时代，各阶层控制非常严格。在计划经济向市场经济转型的过程中，典型的国有企业往往具有物理资源过剩、金融资源和管理资源都较为有限的特征。而当市场经济逐步深化后，正式的制度力量却还是缺乏对知识产权保护的法律体系，同时政治结构也不够稳定，战略要素市场缺乏，而这时的非正式制度力量依然明显，包括社会主义剩余价值、集体主义思潮和社会网络与个人关系等。这些正式和非正式的制度力量就在计划经济转型到市场经济的过程中互相影响和转化。最后基于不同战略的特点及转型经济中企业所面临的环境特征指出：由于制度环境的约束，一般性的内部扩张以及兼并和收购方式的扩张都不适合转型经济体中企业的合理战略选择，而通过建立组织间关系的扩张是一种最优的选择①。

在 2003 年的研究中，他指出企业的战略选择是制度环境、企业组织共同作用的结果，并重点分析了制度环境和组织特征对供应商战略、企业家战略、多元化战略、成长战略等一系列战略选择的影响，解释了不同制度环境中，企业采取不同的战略选择的原因。在1996 年研究的基础上，他更进一步地将转型国家的制度转型划分为两个阶段，在第一个阶段原来的中央计划会消失，而市场经济制度并没有有效地确立；在第二个阶段，市场经济制度逐渐地建立起来。在这两个阶段，制度环境具有如表 2 - 4 所示的特征。

表 2 - 4　　　　　　　　参与基于市场交易的制度压力

转型的阶段	规制性制度压力	规范性制度压力	文化认知制度压力
第一个阶段			
在职企业	弱	弱	弱
创业企业	弱	中等	中等—强
外资企业	中等	中等	强
第二个阶段			
在职企业	中等	中等	中等
第一阶段创业企业	中等	强	强
新创业的企业	中等	中等	中等—强
外资企业	强	强	强

资料来源：Peng M. W., "*Institutional transitions and strategic choices*", *Acadey of Management Review*, Vol. 28, No. 2, 2003.

---

① Peng Mike W., Heath P. S., "The growth of the firm in planned economies in transition: Institutions, organizations, and strategic choice", *Academy of Management Review*, Vol. 21, No. 2, 1996.

通过深入的分析，彭维刚教授得出了如下结论：在制度转型的第一阶段，在职企业更多地使用网络战略而不是依赖于自身的资源和能力。创业企业会同时使用网络战略和资源与能力战略，缺乏社会关系的企业家会更多地利用自身的资源和能力。选择联盟和合资方式进入的外资企业相对于外资独资的企业更多地使用网络战略，外资独资的企业更多地利用其资源和能力，而且多数外资企业会采用联盟和合作的市场进入方式。在制度转型的第二阶段，规模小、成立时间短、拥有外资或者缺乏社会关系的企业家领导的在职企业会更多地利用自身的资源和能力，其余的在职企业依然采取网络战略。在第一阶段成立的企业主要会采用资源能力战略，而新的创业企业会同时采用网络战略和资源能力战略。独资的外资企业会更多地利用自身的资源和能力在市场上竞争，同时更多的外资企业会采用独资的方式进入市场。作为对2003年研究的补充，他和他的同事们识别了制度转型过程早期和晚期中的一个过渡阶段，指出2003年研究结论中的战略选择并不是一蹴而就的，在这个期间存在一个过渡阶段，也就是网络战略中的网络强度会逐渐减弱，而不是直接消失。他们具体分析了制度转型的特征对网络战略的影响，得出如图2-3所示的研究模型和结论。

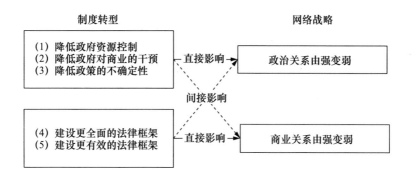

图2-3　制度转型过程中企业网络战略的演变

资料来源：Peng Mike W., Zhou J., "How network strategies and institutional transitions evolve in Asia", *Asia Pacific Journal of Management*, Vol. 22, 2005.

彭教授将制度理论和企业战略进行了有机的结合，进行了一系列对制度转型和战略选择的研究，成功地将制度理论引入管理学的研究范畴中，为后续的研究奠定了坚实的理论基础。近些年来，大量学者利用制度理论深入地研究了管理学各个方面的问题。举例来说，李海洋和 K. 吉马的研究发现不确定、不完善的制度环境会在很大程度上影响产品创新战略和企业绩效的关系①。皮特·罗德里格斯（Peter Rodriguez）等学者利用制度理论研究了腐败对企业市场进入的影响。他们将腐败分为两个纬度：普遍性和任意性（腐败所导致的不确定性），并结合跨国公司面临的两方面正统性问题：外部正统性（被市场接受）和内部正统性（企业内的一致性），分析跨国公司如何进入不同的市场②。鲁塔·艾迪斯（Ruta Aidis）等研究了制度对企业家精神的影响，发现不完善的制度环境会导致较低的企业家精神③。卡路斯·梅耶尔（Klaus Meyer）等学者研究了制度环境和资源需求对市场进入战略选择的影响，发现在完善的制度环境中，企业不会用合资的方式来获取资源，而在不完善的制度环境中，企业可以用合资的方式来获取资源④。皮特·罗伯茨（Peter Roberts）等结合交易成本理论和制度理论指出，组织在进行变革的过程中受到有限理性限制会选择满意的方案，而不是最优的方案；而制度环境会对组织的选择产生重要的影响，进一步影响组织可以选择的方案⑤。山川（Yamakawa）等学者基于产业组织理论、基于

① Li Haiyang, Atuahene-Gima K. , "Product innovation strategy and the performance of new technology ventures in China", *Academy of Management Journal*, Vol. 44, No. 6, 2001.

② Rodriguez Peter, Uhlenbruck K. , Eden L. , "Government corruption and the entry strategies of multinationals", *Academy of Management Review*, Vol. 30, No. 2, 2005.

③ Aidis Ruta, Estrin S. , Mickiewicz T. , "Institutions and entrepreneurship development in Russia: a comparative perspective", *Journal of Business Venturing*, Vol. 23, No. 6, 2008.

④ Meyer Klaus E. , Estrin S. , Bhaumik S. , Peng M. W. , "Institutions, resources, and entry strategies in emerging economies", *Strategic Management Journal*, Vol. 30, No. 1, 2009.

⑤ Roberts Peter W. , Greenwood R. , "Integrating transaction cost and institution theories: toward a constrained-efficiency framework for understanding organizational design adoption", *Academy of Management Review*, Vol. 22, No. 2, 1997.

资源的观点和制度理论分析了新兴经济的创业企业进入发达市场的原因，尤其讨论了新兴经济中制度环境对创业企业的不利影响，以及进入发达经济对创业企业建立正统性的贡献，发现产业组织理论、基于资源的观点和制度理论三种理论共同分析才能全面地揭示新兴经济的创业企业进入发达市场的原因[①]。相对于国外对制度理论的研究，国内管理学领域对制度理论的研究还处于起步阶段，所取得研究成果也相对有限。例如，谢佩洪等学者从制度理论的视角研究了企业的市场战略和非市场战略，发现市场行为和非市场行为是企业对转型经济背景的反应，两者的有效整合可以发挥出更大的协同效用[②]。

综上所述，制度理论在管理学研究中的解释力度和应用价值得到了大量研究的支持，制度理论已经成为目前管理学研究的三大支持理论之一。在下一章中，本书也将依赖制度理论来建立研究框架，以解决我国制度转型在特殊背景下企业机会捕获的相关问题。

四　我国制度环境的成因

我国区域经济发展不平衡，导致所处不同地区的企业面临着差异明显的制度环境，而我国长期处于制度转型的过程中就是造成现有制度环境的重要原因。结合本书研究问题，下面将从多个角度出发，详细论述我国制度转型的历程及其原因，以便更清晰地发现我国处于不同地区企业面临制度环境的差异。

早在制度转型的初期，众多学者就从不同角度论述了我国开展制度转型的必然性。谷书堂从计划经济体制等级制出发，认为计划经济体制存在封闭性和缺乏经济动力两个重要问题。高度集中的计划经济体制是一个以国民经济为范围的庞大等级组织，所有经济活

---

① Yamakawa Y., Peng M. W., Deeds D. L., "What drives new ventures to internationalize from emerging to developed economies?", *Entrepreneurship Theory and Practice*, Vol. 32, No. 1, 2008.

② 谢佩洪、王志成、朱海华：《基于制度视角的企业非市场战略与市场战略的整合研究》，《南开管理评论》2008 年第 11 期。

动都按照国家行政手段组织进行。在这个庞大的等级组织中，所有单位都没有自主权，而且这个封闭体制严格限制资源的流动。计划经济强调集中统一，倾向于平均分配，使所有人都从自身利益出发，追求"出工不出力"。企业领导者也以"轻松完成计划指标"为目标，这就严重影响了积极性，使计划经济体制缺乏动力，因此制度转型势在必行。

计划经济体制依赖政府推动经济发展，这种模式可以在短期内奠定我国的工业基础，但其缺乏持久发展机制。1952年中国和日本的国民生产总值大体相同，到了20世纪70年代末却只有日本的1/4。只有通过制度转型改变我国落后的发展模式才能有效地推动我国经济的发展。

林毅夫等认为，计划经济体制下的产权模糊导致资源配置的低效率是我国开展制度转型的原因。传统的集权体制导致各部门和地区间的投入产出联系为争投资所取代，各部门和地区能够分到多少资源取决于它们在计划中的重要性。有些部门和地区由于处于有利位置可获取的资源就多，导致了资源的浪费；而需要资源的部门和地区获得的资源却明显不足，影响经济的发展。所以，通过制度转型来改变传统体制下的产权模糊就成为我国经济发展的必然选择。虽然不同学者对我国制度转型的原因有不同的观点，但这些差异仅仅体现在研究视角的不同，归根结底都认为计划经济体制的低效率是我国制度转型的根本动因。

自1978年以来，我国的制度改革基本是按照以下两条路径来展开的：①实行简政放权，扩大企业自主权，实现政企分离；②改变政府管理经济的方式，从过去行政命令的直接控制转变到运用经济杠杆调节经济。从改革进程上分，赵旻将我国的制度转型分为四个阶段：第一个阶段是从1979—1984年。这个阶段以党的十二大为标志，确立了计划经济为主，市场调节为辅的原则。第二个阶段以党的十二届三中全会为标志，确立了有计划的商品经济理论；1992年春天，邓小平在南方谈话中对社会主义市场经济中计划和市场问题作了新的概括，这是我国制度转型的第三个阶段。第四个阶段是完善社会主义市场经济体系阶段[①]。

在高度集权的计划经济中，政府主宰一切经济活动，掌控社会所有资源，既是经济行为法规的制定者，又是执行者和被执行者。在由计划经济向市场经济转型的过程，政府职能发生了重大变化。在市场经济中，政府对经济的影响需要服从如下几个基本原则：第一，限定干预原则。政府干预经济主要是为了弥补市场的缺陷，而不是取代市场功能，是为了使市场更好地发挥资源配置的基础作用，而不是取代市场去配置资源。第二，量力而行原则。政府干预限制在市场出现缺陷的领域，但并不是所有的市场缺陷都应该由政府去干预。我国 1958 年的"大跃进"和 1960—1962 年的"大跃退"都是政府过度干预的典型案例。第三，成本收益原则。政府干预也是一项经济活动，有成本和收益。只有当收益超过成本时，政府干预才是经济合理的。

然而，由于我国制度转型以及市场化发展呈现逐步深入以点带面的发展趋势，导致率先进行制度改革和市场化的地区与后进地区拉开一定差距，不同区域内由于政府职能的转变处于不同阶段，导致不同地域内制度环境也形成较为显著差异。虽然这些差异随着改革和转型的逐渐深化会完善和渐渐缩小，但现阶段这些差距依然显著存在，且在本书研究中是不可忽略的。

结合政府职能不难发现，即使在完全的市场经济环境中，政府对市场也有重要影响，企业在市场上的行为不可避免地要受到政府的影响。而这种影响在我国制度转型过程中尤其强烈，这是由制度层面的原因、市场的作用、文化的影响和历史因素造成的。

首先，在制度层面，制度转型所造成的环境不确定、经济高速发展、快速的国际化进程、社会结构的巨变、正式制度的更迭、政府作为股东和制度制定者对企业的干预、政府对经济和社会体系的

---

① 赵旻：《论我国经济转轨发展的四个阶段》，《经济学动态》2003 年第 3 期。

影响以及正式制度的不完善都不可避免地导致政府会对企业产生影响。其次，在市场层面，自改革开放以来，市场上的竞争不断加剧，而且市场结构也具有多样性的特征。市场体系的不完善以及资源的稀缺性使得政府不得不采取干预市场的行为，进而导致政府对企业产生影响。同时我国的传统文化也是导致政府对企业产生重要影响一个因素。例如，注重关系的文化、道家和儒家强调和谐、崇尚权利、长期导向等文化特征都发挥了重要影响。最后，虽然我国的制度转型已经持续40年，计划经济的残留依然对政府政策的制定和企业经营有着一定的影响。同时，区域发展的不平衡也需要政府采取相应的行动实现区域间的协调发展，所以制度环境对市场、对企业都有着重要的影响。制度层面的力量、市场的作用、文化的影响和历史因素都是造成制度环境影响企业经营行为的重要原因，因此这些因素都可以用制度理论加以解释，放在一个统一的框架下进行分析。

第四节　资源基础理论研究综述

一　资源基础理论

在解释公司绩效与环境关系的问题上，最为广大学者认可的就是迈克尔·波特教授的产业分析理论，该理论开创了研究企业竞争优势的先河。但该理论却不能很好地解释企业资源与绩效间的关系，且同样难以深入解释为何处于同一行业内的企业会存在各种各样的不同、不同企业的收入产出比和投资回报率等都有显著的差别，同时该理论也不能很好地解释为什么只有一部分公司可以获得长期的竞争优势并依此超越其同行。在一个特定的产业中，产业间利润的分散化问题要比产业中企业的中长期利润率的分散程度低很多，可以为企业带来超额利润率的竞争优势往往来自企业内部，企业本身所拥有的特质相对于企业所面临的外部市场压力和产业间的企业互动来说，更有利于企业竞争优势的形成。

学者们还提出，企业所处的竞争环境由于信息技术的不断发展和全球化进程的加剧，较之过去变得更为动荡和剧烈，因此，对企业而言，分析和掌控外部动态竞争环境也变得更为困难，在这种情况下，企业显然更容易管理和控制其自身的资源和能力，也更倾向于以此作为拟订战略规划时的依据。

具体来说，"资源基础理论"即是在考虑企业战略决策等问题时以"资源"为出发点和中心再向其他方面辐射，同时用"资源"作为桥梁，来连接企业竞争优势与战略决策。在现有研究资源基础理论的文献中，普遍都认为资源有两个前提假设必须遵守：①每个企业的资源与其他企业拥有的资源都是不同的，即企业的资源具有"异质性"（Heterogeneity）；②企业与企业间的资源具有"非完全流动性"。因而不同企业间之所以会长期存在差异，正是因为企业拥有的资源和能力都是稀缺的、独特的、难以模仿的。而持续的竞争优势的建立以及超额利润的获取则与长期独占稀缺资源有直接联系。

资源基础理论最本质的问题就是将企业作为最基本的单位，重点分析企业所有的各种资源，首要需要分析的就是企业内部的资源，而分析这些资源的方法就是利用窥探企业所拥有的与众不同的资源和异于其他企业的能力，进而实现企业竞争优势的提高，同时获取超额利润（Supernormal Returns）。资源基础理论的提出在很大程度上改变了企业家对战略问题思考的角度，他们将资源作为分析企业战略行为的重要单位，也将超额收益的获取和持续竞争优势的保持归结到资源这一因素上。J. 巴尼的研究指出，"竞争优势"就是"该公司目前与潜在竞争对手，无法同步执行该公司现在所执行的价值创造战略"，而"持续竞争优势"则是指"该公司目前与潜在竞争对手不仅无法与该公司同步执行公司现在所执行的价值创造战略，同时也无法复制并取得该项公司在此项战略中所获得的利益"。学者们认为，虽然通过制造或从外部购买等方式获取资源并进行整合能在短期内提高企业的竞争力，但这种来源于较容易渠道获得的资源所形成的竞争力却很难持久。

因此，资源基础理论的核心就是要站在企业资源"异质性"的角度去观察企业内部的资源及能力，重点在于识别、澄清、配置、发展企业独特的资源与能力，并能与企业的竞争优势和生存发展息息相关。而企业所拥有资源属性的差异是造成企业竞争地位不同的主要原因，这些异质性的资源也是企业建立竞争优势的基础。对构建和争夺异质性的资源成为企业间竞争的焦点，企业在制定战略时也会优先考虑如何通过独占某些资源来构建持续的竞争优势。

因此，综上所述，企业的战略之所以能够制定并得到良好的执行，归根结底就是因为其资源是具有异质性的。同理，战略能够得到不断的改进和发展也是基于此。对本书来说，资源基础理论的意义在于可以用理论分析将企业用于生产和自身发展的投入的含义扩展到实体资本如员工和设备等之外的各种异质性能力、组织结构和信息或知识等各种企业资源，使得将企业拥有的如人力、设备和资金等实体资源和组织结构、企业的社会资本整合到一个统一的研究框架中具有了充分的理论依据。

二 企业的资源储备

(一) 资源的内涵

从现有文献来看，学者们对资源有着不尽相同的定义，例如，有学者给出的资源定义是：企业所永久性拥有的（有形和无形的）资产，包括品牌、企业内部技术知识、技术工人、贸易合同、有效程序和资本等。资源是生产过程中投入的要素，包括机器设备、专利、品牌和员工的个人技能等，其本身基本不具备生产性。J. 巴尼随后发展了这一概念，他认为企业资源包括企业控制的所有资产、能力、组织流程、企业属性、信息和知识等，是企业在制定和实施其战略时可资利用的力量[1]。奥利弗认为企业资源包括：企业内部

---

① Barney Jay, "Firm Resources and Sustained Competitive Advantage", *Journal of Management*, Vol. 17, No. 1, 1991.

稀缺的生产流程、商誉、专利、专有技术以及和客户、社区乃至政府形成的制度资本①。

凯瑟琳·艾森哈特（Kathleen Eisenhardt）等学者在其 1996 年的研究中揭示了企业获取外部资源的关键在于拥有一定的内部资本②，他们认为企业就是资源的集合体。同时，企业受到来自外部的竞争压力与日俱增，他们有时想要进入某些市场必须依赖其社会关系网络，并与其他企业形成战略联盟，从而才可能在面临外部竞争时获得竞争优势。因此，也有学者将战略联盟归为企业外部资源的一种，这种资源能为企业创造一些机会，进而为企业创造价值。赫尔法特（Constance Helfat）等在前人对企业资源研究的基础上，单独强调了知识资源的重要性，他们认为企业的组织能力与企业特定资产互动过程中积累的核心知识可以被称为知识资源，这种资源对构建企业竞争优势同样意义非凡③。摩萨克维斯基（Mosakowski）指出，企业中只有一部分资源可以用来发现机会，这些资源是企业家通过创造性、远见性，并运用直觉对新机会保持高度警觉性的倾向④。由于企业家自身的属性有差别，因此企业家们在发现机会或捕获机会时会有不同的行为和结果。国内的研究企业资源的学者中，具有代表性的是张炜的研究，他认为，资源就是企业作为一个经济实体在向社会提供产品或服务过程中，所拥有或者所能够支配的实现公司战略目标的各种要素以及要素组合，这些要素或要素组

---

① Oliver Christine, "The influence of institutional and task environment relationship on organizational performance: the canadian construction industry", *Journal of Management Studies*, Vol. 34, No. 1, 1997.

② Eisenhardt Kathleen M., Schoonhoven C. B., "Resource-based view of strategic alliance formation: Strategic and social effects in entrepreneurial firms", *Organization Science*, Vol. 7, No. 2, 1996.

③ Helfat Constance E., Raubitschek R. S., "Product sequencing: co-evolution of knowledge, capabilities and products", *Strategic Management Journal*, Vol. 21, No. 10-11, 2000.

④ Mosakowski E., "Entrepreneurial resources, organizational choices, and competitive outcomes", *Organization Science*, Vol. 9, No. 6, 1998.

合包括企业所有的资产、能力、组织结果、企业属性、信息和知识等①。

（二）资源的分类

在学者们基本能够清楚地阐释资源的内涵后，他们进一步地对资源进行了具体的分类。不同领域的学者根据自己的研究重点和需求对资源类型也有不同的区分方法。潘洛斯把资源分为有形资源和人力资源两大类，其中有形资源指企业拥有的看得见的如厂房、设备、土地、原材料等；而人力资源主要包括企业的管理人员、财务人员、技术人员等。

资源的独特性和异质性是资源基础理论重点强调的内容，学者们依据这两个特质，将企业资源进行进一步更详细的分类。例如，作为资源基础理论的开创者，J. 巴尼将企业内部资源分为四大类，即物质资源、组织资源、人力资源和财务资源。本书主要借鉴的是 J. 巴尼提出的资源基础观和资源四分类方法，将其具体内容概括如表 2－5 所示。格兰特在 J. 巴尼的基础上将企业内部资源进一步细分，并增加了两个类别，最终分为物质资源、组织资源、人力资源、财务资源、技术资源和声誉资源六个大类。还有中国学者将企业资源划分为两个大类，即直接资源和间接资源，并分析了资源和新创企业绩效之间的关系，他发现，直接资源中主要包括资金、技术和人力资源等，对新创企业的创建和发展有直接作用；间接资源则包括知识、信息和服务等内容，新创企业可以利用这些间接资源来获取外部更多的资源。

按照资源所具有的不同性质将其分为两大类：即以所有权为基础的资源和以知识为基础的资源。以所有权为基础的资源一般包括企业员工、拥有的专利、相关知识产权、注册了的商标和设计等物质方面的资源；而以知识为基础的资源一般来说有组织文化、员工拥有的专业技术，以及管理人员相应的管理资源等。

---

① 张炜：《核心竞争力辨析》，《经济管理》2002 年第 12 期。

表 2 – 5　　　　　　　　　　　　**J. 巴尼对资源的划分**

资源种类	主要组成部分
财务资源	又称为金融资源，包括现金、财务储备、借款能力等
物力资源	有形技术、厂房和设备、地理位置、进货渠道等
人力资源	管理者和员工个人的经验、判断、知识、关系等
组织资源	企业的正式结构、计划、控制和协调体系、组织内部以及组织与外部群体间的关系

资料来源：Barney Jay，"Firm resources and sustained competitive advantage"，*Journal of Management*，Vol. 17，No. 1，1991.

常见的资源划分方式中，还有一种是将资源分为有形资源和无形资源，其两部分的具体划分如表 2 – 6 所示。

表 2 – 6　　　　　　　　　　　　**有形资源和无形资源**

资源		主要组成部分
有形资源	金融资源	现金和应收账款、借款能力
	实物资源	厂房、固定资产和机械设备等
	组织资源	战略规划、员工开发、评价和薪酬体系
	技术资源	专属知识形态
无形资源	人力资源	员工的经验、能力、信任、团队的有效性、管理技能等
	创新资源	技术和科学的专门知识、创新概念
	声誉资源	品牌、在供应商和客户中享有的公平和可靠等的声誉
	组织能力	客户服务能力、产品开发能力、创新方法和生产的灵活性等

本书结合基于资源的观点和之前学者的相关研究，主要依据 J. 巴尼的观点，将组织的资源基础分为资源储备和组织结构两部分，其中资源储备主要包括人员储备、资金储备和设备储备；组织结构将在下一小节中详细论述。

三　组织结构相关理论和研究

企业资源基础中，除了要关注企业内部的资源储备，企业中构建的组织结构作为资源基础的一部分，在机会的研究中也一直受到各界学者的广泛关注。由于不同的研究视角对企业的组织结构会有不同的解读，目前研究组织结构主要可分为官僚学派、行为学派和柔性化与情景学派等，学术界对于组织结构（Organizational structure）的定义很多，但大体上都会包括对企业内各项工作的分工、对企业员工的分组、各个职能部门的划分和部门间、人员间的协调这些内容。

（一）组织的定义

在管理学中，"组织"这个名词有两层具体含义：第一层含义是说组织是与外界相联系的人群的集合体，这种集合体的行程有特定的目的，具有结构，并可以进行协作活动等。这个层面上的组织包括一些社会组织和企事业单位等，如企业、行政机关、学校和医院等。有学者指出，组织的形成是基于合作这个目的，以避免受到来自生理、心理以及社会等多方面的限制。组织的第二层含义是一种基本的管理职能，即经过设计、建立并维持的一种组织架构。这种组织架构的形成主要有以下四个步骤：第一，要建立组织系统图，即设计和建立一套组织机构和职位系统；第二，将各层次、各部门以及人员结合成为一个有机的整体以便确定职权关系设立信息系统；第三，要保证所设计和建立的组织结构能够有效运转，就需要将组织架构与管理的其他职能相结合；第四，要保证组织结构能够具有一定的动态性，能够方便地进行组织结构调整，以应对内外部环境的变化。

（二）组织结构的内涵

结构在系统论中被定义为连接组织内各组成要素的一种方式，即结构是组织中各要素在时间和空间上各种具体的排列组合形式。因此，组织结构就是组织各个要素间的一种关系模式，也是规定组织中任务如何执行和经营的一种体制，它决定了组织中各要素的排列顺序，处于空间中的位置，以什么状态汇聚在一起等具体形式。所以，组织的结构就是组织的骨骼，它作为框架给予整个组织以支撑，它能够决定组织的体格和形状，并保障组织中的人员、物料和各种信息的正常流通，以及组织目标的实现。根据组织结构的这些内涵，有学者进一步将组织结构区分为静态和动态两种含义：所谓静态含义是指可以用组织结构图、职位说明书和组织手册等来表示的组织结构的框架体系；而动态的组织结构主要包括组织中的分工，即组织中成员的责任、权利和义务等，以及要素间的相互关系。

企业作为组织形式的一种，企业的组织结构也有相似但却更为具体的内涵。所谓企业组织结构是企业中的人员以实现企业的目标为前提，进行分工协作，并认定职务范围、界定责任和权力，从而形成的一种结构体系。从这个定义中可以看到，完成企业的目标是设定组织结构的根本驱动力，而组织成员间的关系以及企业任务等的分配、协作方式就是组织结构的根本。

由于组织结构是企业规定的涉及组织目标、员工权责的一种体系，因此也有学者将其称为权责结构。可以从四个方面来理解这个权责结构：第一，各业务部门为实现企业目标的工作关系，可以被称为职能结构；第二，纵向结构，主要包括企业的管理层；第三，横向的部门结构；第四，跨越前三个层次，被称为职权结构。良好的组织结构设定可以保证企业高质量的运转，例如，企业中不同员工从事其熟悉的工作，有利于其更好地完成工作并提高完成的效率；好的企业组织结构中各个部门间能进行更好的互动和协调，使得企业运作更为和谐。

（三）企业组织结构的特点

由于企业的组织结构具有很多特殊的属性，学者们根据各自不同的研究问题和研究视角将组织结构的属性归纳成很多种。从企业组织结构的维度划分这一视角出发，可以将组织结构的特点概括为以下 13 个：管理人员组成、自主性、集权性、复杂性、职权代理比率、差异化、规范化、一体化、职业化、控制幅度、专业化、标准化和垂直层级。达夫特对组织结构的特点进行了更为高度的概括，他认为，组织结构的特点主要应归结到结构性和关联性这两点。组织结构的结构性是其内部特征，这个特征可以作为比较和评价一个组织的基石；关联性这个特征更为整体和全面，涉及企业内部的战略和规模等因素，以及企业外部的市场环境和文化等，组织结构的关联性是组织结构具有可变性的基础。进一步地，该作者将组织结构的结构性特征又分成了 8 个子维度，包括规范化、专门化、标准化、权力层级、复杂性、集权化、职业化和人员比率。综合之前学者们的研究结论，并结合本书的研究问题和基本理论框架，主要关注组织结构的三个内部特征，即组织结构的规范性（formalization）、复杂性（complexity）、集权性（centralization）。

1. 组织结构的规范性

所谓企业组织结构的规范性说的是企业中标准化的各类工作流程和任务分工。详细说来，规范性规范的主要制定一些标准化的规章制度、工作程序以及工作过程来标准化企业中成员的各种行为和活动。规范化程度高的企业，往往拥有清晰而明确的指导方针和具体实施政策，工作制度逻辑严谨思路严密，能够清晰地阐述每个工作流程，即这些规范性制度能具体到企业的每个员工的每项工作。相反的，在规范性特征较为不明显的企业中，没有具体明确的规章制度来说明企业每个员工的具体工作，这类企业中员工的自由程度很高，工作流程较为随意。总的来说，企业组织结构的规范性越低，企业中员工就越有自由发挥的空间。

在企业中一般有三种规范性的方法来规范组织中成员的行为：第一种即"选拔"，通过选拔这种方式可以找到最适合做某项工作的员工，进而淘汰掉不适合的员工；第二种是详细规定员工的工作预期；第三种就是设立一定的规章制度和具体的工作流程，进而形成和谐的企业文化。详细说来，更加具体和规范化地来限定企业中员工的工作流程，对他们进行限制和监督，对于工种为非技术性，且以重复机械化工作为主的组织成员更为有效，这种规范性往往被称为"外部的"规范方式。另外，这种外部性的规范范式却并不适用需要进行创造性活动的组织成员，对于需要从事技术创造等脑力劳动的员工来说，"内在的"的规范性方式更为有效。

2. 组织结构的复杂性

所谓复杂性描述的是企业组织结构中组成成分相互的差别，具体可分为三种，即纵向差异性（Vertical Differentiation）、横向差异性（Horizontal Differentiation）和空间分布差异性（Patial Differentiation）。将企业组织结构的这三种差异性综合起来，就可以概括为组织结构的复杂性。企业组织结构的复杂性不是一成不变的，当三种差异性中的任一种发生变化时，组织结构的复杂性都可能发生不同程度的改变。

所谓纵向差异性阐述的是一种企业中纵向垂直的各个管理层间的一种差别。当这种纵向差异越大时，说明企业管理层是分为很多层级的，从上至下或从下至上的直接沟通就越发显得不容易，在沟通过程中可能会有更多被误读或扭曲信息的存在，协调起来也更难。所以当企业组织结构具有较大纵向差异性时，其同时也具有更高的纵向的复杂性。管理幅度与纵向差异性也是息息相关的。管理幅度说的是企业领导者能直接有效地指导、监督或控制的隶属于其员工的人数，基于管理幅度企业的组织结构可以归纳为高耸型和扁平型两种不同的结构。

与纵向差异相对的是横向的差异性，指的是由于企业中员工因为个人学历不同，专业技能有差异而造成的企业中不同部门间的差别，这种差异一般会存在于企业中涉及技术的部门。当企业中技术部门的细分越多时，更加良好地协调各技术部门更加困难，因此企业组织结构的横向复杂程度也会相应提高。

还有一种复杂性体现在空间分布的差异上，这种差异性顾名思义是企业的不同部门和员工在地理分布上的差别。这种地理上的差异主要体现在部门和员工分布的距离和分散的程度上。空间分布的差异性越大的企业，其内部的协调与沟通也会更加艰难，因此也会带来更好的组织结构复杂性。

在复杂性所包括的三种差异性中，并不是互相独立的，而是有不同的相互关联。具体来说，当企业规模一定时，横向差异越大就导致了越高难度的协调、监督和控制工作，这时通过增加纵向差异性，即增大管理幅度并减少管理层级，可以很好地解决这一问题。

类似的，空间分部差异性也与另外两种差异性有着错综复杂的联系。例如，当企业的空间分部差异性很高时，对导致很高的企业组织结构复杂性，随着这种差异的增大，企业将会面临更加复杂和多变的外部环境，这时一个必然的结果就是横向和纵向差异性都会加剧，从而使组织结构变得更为复杂。

3. 组织结构的集权性

企业组织结构的集权性反映的是企业中决策权力的密集化程度。企业组织结构的集权性主要通过如下四个维度来描述：一是决策的数量，企业中高层管理人员越多、越频繁地做决定，就说明企业的集权化程度越高；二是决策的范围，当企业中员工或中层干部能做出的决定越多，则说明企业组织结构的集权化程度越低；三是决策的重要性，当企业中普通员工或中层干部能做涉及大额度金融资产的决定时，说明企业的集权程度越低；四是对决策的审核，当一个企业中的员工或普通中层管理者做决策是不需要被审核时，说明该企业的集权化程度达到最低点，反之则越高。总的来说，当企业组织结构的集权性程度越高时，这个组织结构一定具有低程度的复杂性。

（四）组织结构的分类

讨论了企业组织结构的特点后，结合本书的研究问题，这里有必要来详细论述一下企业组织结构的分类。目前学者虽然根据不同理论视角对组织结构有很多种不同的分类方法，但是基于我国企业所面临的独特的制度和市场环境，本书将企业的组织结构分为机械化和有机化两种基本的形式。

前面提到过完成企业目标是企业组织结构形成的根本驱动力，而企业目标概括说来主要包括追求运作的稳定性和效率，以及不断的创新以适应外部环境的动态性。具体来说，企业为保证其运作和谐有序并可以控制，必须使其组织结构在一定程度上拥有稳定性，从而提高企业的运作效率，并实现企业设定的目标。另外，企业还要应对外部瞬息万变的环境，并力争在这种环境中生存和繁荣，这就要求企业的组织结构在拥有稳定性的基础上还要具有一定程度的柔性。下面本书会具体阐述依次区分的两种典型类型的组织结构：机械化组织结构和有机化组织结构。

1. 机械化组织结构

机械化组织结构，往往被叫作官僚的行政性结构。当企业的组织结构具有机械化的特点时，最为明显的特征是企业中具体的工作流程和业务有非常清晰的定义和说明，分工详细且规则明确。在机械化的组织结构中选拔员工时，其选拔标准具有高度的客观性。当完成制度制定和人员选拔后，在企业实际运作时机械化的组织中会在每个层级严格控制各项工作以确保其按照规则来规范的运行。总的来说，机械化的组织结构同时拥有复杂性、正规性以及集权性。

2. 有机化组织结构

有机化组织结构是与机械化的组织结构相对应的，也可以被称为适应性组织结构。当企业拥有有机化的组织结构时，企业中没有明确的层级差别，部门分工较为模糊，也没有一成不变的固定职位，且不会制定具体且明确的制度和规则。有机化的组织中，企业最底层的员工拥有很大的自主权，他们能依靠自身具有的资源来进行决策并与上下层级进行直接的沟通。在有机化的企业中，组织中的成员往往拥有娴熟的专业技能，能够独立地解决问题，并拥有良好的沟通技巧。在这种类型的组织结构中，复杂性、正规性和集权性都较低。

可以说机械化的组织结构和有机化的组织结构是一个连续统一体的两个极端，然而，这两个极端化的组织结构间却又很多的过渡状态来介于这两个极端中，它们的变化形式多种多样，有一定的相似性但又具有多方面显著的差异。表2-7中从7个方面来对比了机械化组织结构和有机化组织结构的差异。

表 2 - 7　　　　　机械化组织结构与有机化组织结构的差异

维度	定义	机械化组织结构	有机化组织结构
规范化性质	组织里的规则和规范中剥夺或者鼓励工人们创新、自主工作和学习的程度	剥夺	鼓励
组织中的层级数	组织中管理的层级是多还是少	多	少
水平整合的程度	在工人和部门的工作、技能和培训中职能部门是专门化的还是整合化的程度	低	高
决策位置	决策是在组织高层级还是低层级进行的	高	低
组织成员的沟通	垂直和水平交流是缓慢的、困难的、受限制的，还是快速的、容易的、丰富的	缓慢、困难、受限制的	快速、容易、丰富的
组织知识的存储	组织中知识资源存在的主要位置	顶端	无处不在
组织成员的价值	如何评价组织中成员的价值	忠诚于组织	工作绩效

资料来源：笔者对文献的整理。

四　现有研究的评述

现有研究对分析管理者关系和企业内部资源基础在不同的制度环境下如何影响机会捕获的问题提供了良好的理论基础，也为进一步的研究提供了很多启示：在企业家精神的相关研究中，关于"机会"的文献清晰地表明了机会的重要意义，高效识别、捕获和开发机会是现代企业成功的一个重要因素，而在现有研究中，影响企业机会识别和开发的主要因素包括企业家个人属性、机会的类型和社会网络等，结合社会资本理论，可以更好地了解成功的机会识别和开发的过程；制度理论分析了制度环境对于企业的影响，而我国持续的制度改革，市场化的进程，以及我国区域经济发展的不平衡形成了一种独特的制度环境，造成了中西北部地区和东南沿海地区的制度环境出现了明显的差异，而制度理论为分析我国制度转型下的企业面临不同制度环境时的问题提供了坚实的理论基础；社会资本理论指出，管理者关系作为企业一种重要的社会资本是企业获取外部资源的一种有效途径，同时，结合制度理论的相关研究，管理者关系也可以作为一种非正式制度，对正式的制度形成了有效的补充；资源基础理论指出了企业独特资源对企业绩效的重要作用，也强调了资源是战略制定和执行的基础。总结以往的研究可以发现，仍然有很多问题和不足之处，需要通过本书的研究进行弥补，主要包括以下四个方面：

（一）缺乏在个体层面以外对机会捕获前因的分析

机会作为企业家精神研究的重要一个部分，得到了很多学者的关注，但现有对于影响机会识别、捕获、开发的因素中，研究者将绝大多数精力都放在了企业家个体层面上，分析、概况和归纳其构建的企业机会识别和开发的模型，可以发现现有研究中影响企业家机会识别和开发的因素主要包括四个方面，即企业家的个人属性（如年龄、学历和家庭背景等）、先验知识、警觉性、企业家的个人社会网络。同时，有学者提出企业家的个人属性和先验知识可以共同作用于企业家的个人社会网络，而企业家的社会网络本身又能提高认知机会和企业家的警觉性进而影响机会的识别和开发。尽管学者们就影响机会识别和开发的因素进行了详细的分析，但遗憾的是他们始终将研究视角放在了个体层面上，而没有将企业层面的因素纳入到对机会的研究中来。虽然他们一直在关注企业家的个人关系网络对于机会识别和开发的影响，但却忽视了企业间关系的重要作用。另外，除了与企业家相关的因素外，企业层面很多其他因素也可能对机会捕获产生重要影响，而这些因素之间除了单独作用，有没有可能产生交互、协同作用来共同影响机会捕获，从现有的研究中都得不到答案。因此，如何跳出现有的研究范式，将对机会捕获的研究视野从个体层面扩展到更高层面（如企业层面，以及企业所面对的环境等），从而扩大机会研究的边界，是本书要弥补的第一个理论空白。

（二）缺乏差异情境下不同类型的管理者关系对机会捕获的影响的比较研究

虽然在现有研究机会捕获的影响因素的文章中，有学者指出了企业家个人的社会网络对机会识别、捕获和开发的重要影响，但其始终局限在对企业家个人的关系网络上，而没有关注企业间的关系对机会捕获这一重要的战略活动的影响。根据彭维刚和陆亚东对于管理者关系的开创性研究成果，企业的管理者关系可以分为与供应商和顾客等建立的商业关系和与政府相关部门和官员建立的政治关系两种。现有文献中对商业关系和政治关系的比较研究很多，但没有针对不同类型的管理者关系对机会捕获的影响的对比研究。另外，即使现有研究建立了企业家的社会网络与机会捕获间的关系，但这种关系在面临不同情境因素时（如不同的制度环境和企业资源状况等）会如何变化，也缺乏深入的研究。

（三）忽视了我国各地区间不同的制度环境对企业战略行为的影响

制度转型极大地推动了我国经济的发展、社会的进步和人民生活水平的提高，然而，理论界对我国制度转型的分析更多地认为我国会向西方纯粹的市场经济过渡，认为政府对经济的影响作用会逐步下降，直到最后变成完全的市场经济。然而，在我国实际的制度转型过程中，政府所发挥的作用虽然有所下降，市场的作用在逐步的上升，但是政府对经济的影响并不会完全地消失。同时，由于我国国土面积巨大，区域间制度转型和市场化进程的不一致性，导致我国各地区的经济发展并没有保持在同一水平上，于是不同区域的企业也面临或感受到不同的制度环境，而现有针对中国企业的研究中，往往忽视了我国中西北部等经济欠发达的内陆地区企业和东南沿海地区等经济较发达地区企业在战略行为上的不同，缺乏在我国大环境下区域间不同的小制度环境中企业行为的对比研究。本书的研究将弥补这一不足。

（四）忽视了企业资源基础在机会捕获过程中的重要作用

资源是成功的机会捕获的基础，也是企业形成持续竞争力的基石。依据克拉克·吉尔伯特（Clark Gilbert）的研究，企业的资源储备和组织结构是企业资源基础的两大重要组成部分，现有研究中鲜有将这两部分同时整合到一个理论模型中的，而这两个因素无疑都会对机会捕获的过程产生重要影响①。另外，在现有对机会识别和开发的文献中，往往只关注了资源本身如何起作用，而忽视了企业内部资源基础与外部资源获取方式的协同作用。管理者关系作为一种非正式制度，对目前不够完善的正式制度起到补充作用，现有研究已经对此做出了较为深入的研究，但是，作为一种与外部实体构建关系从而获取资源的一种形式，在考虑其如何发挥作用时，企业自身的资源基础的影响往往被忽略了。本书将同时考虑企业资源储备和组织结构这两个资源基础的重要组成因素的调节作用。

五　小结

首先，本章对我国制度转型的背景和现状进行了回顾和介绍；其次，对机会捕获的相关理论和研究、管理者关系的相关理论和研究、制度理论及研究、资源基础理论和研究（包括组织资源储备和组织结构两方面）进行了较为全面的综述；最后，本书指出了已有研究对我们模型提出和假设关系论证的借鉴意义及现有研究存在的主要问题。这些内容为下一章理论模型及假设的提出奠定了基础。

---

① Gilbert Clark G. , "Unbundling the structure of inertia: resource versus routine rigidity", *Academy of Management Journal*, Vol. 48, No. 5, 2005.

第三章　概念模型与相关假设

第一节　概念模型的提出

"没有机会，就不存在企业家精神"。但是，未被开发的，有价值的机会却很难被捕获。有效的机会捕获要求非常细致的准备并需要投入一些资源，同时对未来收益有所预期。由于我国制度环境不够完善以及市场化进程不够深入，我国企业需要更多的资源来进行机会捕获。但是，中国的很多企业都缺乏足够的内部资源来支撑它们独自完成机会捕获这一困难的工作。因此，中国的企业非常重视利用外部资源来有效地应对问题以进行机会捕获。根据社会资本理论，企业家的管理者关系是获取外部资源的有效途径，因此，也对企业机会捕获产生重要影响，而本书也将重点探讨在我国特殊的制度环境下，管理者关系是如何影响机会捕获的。

处于转型经济背景下的中国，由于市场机制、法律体系建立尚未完善，在正式制度效用缺失的研究背景下，彭维刚等学者指出，"管理者关系"对于中国企业的生存发展起着至关重要的作用。在中国，人际关系无处不在，整个社会就是由各种管理者关系网络构成的。企业面临市场环境的动态变化和制度环境的快速转型，管理者关系成为企业商业运作的重要依赖。通常中国企业的高层管理者建立两种类型的关系：①与其他企业建立的关系，如与客户、供应商等的高层管理者建立的基于水平联系的关系。②与政府建立的关系，即与政府官员建立的基于垂直联系的关系。作为边界跨越者（Boundary spanners），企业的高层管理者需要与企业所依靠的外部实体建立重要的水平联系。与客户建立的关系能够产生较好的顾客满意度和顾客忠诚度，与供应商建立的紧密联系能够帮助供应商获取高质量的原材料、良好的服务和及时的送货。除了上述水平关系外，与政府官员建立的垂直关系在中国这样的转型经济国家也是十分必要的，因为这些国家内在的复杂性和不确定性需要企业与当权者建立垂直关系。如安德鲁·瓦尔德（Andrew Walder）所言，很大程度上中国的政府官员握有分配资源和批准项目的权力①。尽管改革开放 40 年来，市场机制在经济运行中所起作用逐渐增大，国家政权对于企业的运转仍然具有相当大的影响力。与发达国家不同，发展中国家的市场机制和支持市场的制度通常是不完善的或者没有完全实施，因此企业的高层管理者求助于关系网络作为正式的政府支持或者制度特权的替代。

社会资本理论认为，管理者关系是一种重要的社会资本，其基本作用是获取或共享关系伙伴的关键资源，这些资源包括技术、市场、资金、知识以及政策支持等，它们对机会的形成甚至捕获和开发是非常关键的。管理者关系能够突破企业界限以扩大企业资源构建的范围，从而获取企业所不具备的异质性资源以建立和保持企业竞争优势，其具体作用具体表现在以下五个方面：第一，作为一种重要的非正式制度，管理者关系可以替代正式制度支持。第二，管理者关系是企业建立正统性（legitimacy）和声誉（reputation）的重要途径。正统性反映了由规范、信仰及定义描述的社会构建系统对企业行为的可取性、合适性和恰当性的感知程度。第三，管理者关系是企业管理环境不确定的重要手段。在中国，企业管理者与政府官员的关系是一种特殊的关系。尽管中国经历了 40 年的市场化改

---

① Walder Andrew G., "Local governments as industrial firms: an organizational analysis of China's transitional economy", *American Journal of sociology*, Vol. 101, No. 2, 1995.

革，各级政府官员在项目审批、资源配置方面仍然有相当的权力，政府对企业的任意干预是企业经营面临的一大风险。贾斯汀·谭（Justin Tan）等学者在对中国企业家的调研中发现，在影响企业绩效的八大环境因素中，政府监管制度是影响力最大、最复杂、最难以预测的因素[①]。因此，企业管理者与政府官员建立管理者关系时能够更好地管理因制度环境变化带来的不确定性。第四，管理者关系可以帮助企业更好地探索和识别市场机会。由于市场环境的不确定性导致企业与市场间的信息不对称，大量商业机会存在于市场中却无法被企业有效识别，而通过管理者关系获取更多有价值的市场信息可以帮助企业更好地识别商业机会。第五，对于资源匮乏的中国企业来说，管理者关系也是企业获取竞争性资源的重要途径。总之，企业管理者关系会对企业战略管理的很多方面产生重要影响，如何保证企业通过充分利用管理者关系更好地捕获机会从而创造价值成为中国企业面临的一个重要管理挑战。

然而，我国正经历着漫长的制度转型，使整体的制度环境形成了鲜明的特征，如第一章中提到的，我国东西部地区的差异明显，各自面临的不同的"小制度环境"（Sub‐nation institutional environment）。自1978年以来，我国的经济体制逐步由计划经济向市场经济过渡。总的来说，我国的制度改革大体沿着如下两条线索进行：简政放权，扩大企业自主权，实现政企分离；改变政府管理经济的方式，从过去行政命令的直接控制转变到运用经济杠杆调节经济。目前，我国已经基本建立了有中国特色的社会主义市场经济体系，政府职能也有了巨大转变。目前，我国政府主要执行如下三种经济职能：市场经济规则的制定者和监护者；市场经济的调节者；作为消费者进行采购和作为投资者进行投资。结合政府这些职能，不难发现政府依然对企业有巨大影响。

---

① Tan Justin, Litsschert R. J., "Environment‐strategy relationship and its performance implications: An empirical study of the chinese electronics industry", *Strategic Management Journal*, Vol. 15, No. 1, 1994.

对于我国的制度转型，大量学者预期我国会转型到纯粹的市场经济体制中，由市场在经济中发挥主导作用，而政府在市场上不再发挥作用或发挥很小的作用。然而，我国的制度转型虽大大降低了政府对经济的干预程度，政府依然对经济有重要影响。结合政府职能不难发现，即使在市场经济中，政府依然对市场行为有重要影响，企业在市场上的行为不可避免地要受政府的影响。在制度层面，制度转型所造成的环境不确定、经济高速发展、快速的国际化进程、社会结构的巨变、正式制度的更迭、政府作为股东和制度制定者对企业的干预、政府对经济和社会体系的影响以及正式制度的不完善都不可避免地导致政府对企业产生影响；在市场层面，自从改革开放以来，市场竞争不断加剧，而且市场结构也具有多样性的特征。市场体系的不完善以及资源的稀缺性使政府不得不采取干预市场的行为，进而导致政府对企业产生影响。同时我国的传统文化也是导致制度环境对企业产生重要影响一个因素。例如，注重关系的文化、道家和儒家强调和谐、崇尚权利、长期导向等文化特征都发挥了重要影响。最后，虽然我国的制度转型已经40年，计划经济的残留依然对政府政策的制定和企业经营有一定的影响。

具体来说，在我国中西北部等地区，计划经济遗留的明显弊端，如封闭性、缺乏经济动力等，其低效率严重制约了当地经济社会的发展。而在东南沿海等地区，深入的市场化进程和改革开放使当地的市场竞争更为有序也更加激烈，但企业普遍更适应这种高竞争的环境。这种特殊的制度环境使其在我国范围内比较不同区域的企业的战略行为显得尤为有意义。奥斯特姆在2005年提出了制度多中心主义（institutional polycentrism）的概念，即每种权利都有多个制度的中心。根据这个观点可以知道，制度体系是复杂并具有多个层次的。因此，在同一个国家内，与正式市场相关的制度会因为地域不同而不同，所以检验在同一国家中处于同种文化和社会体系，但市场制度完善程度不同区域的企业管理者关系的影响作用的异同是非常有意义的。现有的关于市场化有效性逻辑的文献指出，在高度有效的市场制度环境中，即市场制度相对完善的地区，管理者关系的作用对信息流和交易的作用会减弱。但是，由于中国的关系文化源远流长，在中国这个大环境中，管理者关系的作用即使在市场制度环境较为完善的地区其作用依然不容小觑。虽然商业关系的作用不可忽视，但由于中国市场化进程的时间不一致，导致各区域间制度环境不尽相同，各个区域里独特的制度环境特征使所处其中的企业利用其管理者关系来捕获机会的程度也不尽相同。因此，本书也将重点探讨在我国特殊的制度环境下，不同类型的管理者关系是如何对机会捕获产生不同影响的。此外，管理者关系作为一种与外部实体构建关系从而获取资源的一种形式，在考虑其如何发挥作用时，现有研究往往忽视了企业自身的内部资源基础的影响。

J. 巴尼关于资源基础理论的经典文章提出，企业在利用其所处环境的制度优势时，往往需要依赖于他们的资源基础。企业拥有更多的资源时，能更好地利用其管理者关系，因为更多的资源意味着在建立管理者关系时更大的讨价还价能力和话语权。企业的资源储备以及这些资源的运作方式即企业的组织结构是构成其资源基础的两大关键组成部分，目前的研究中大多数都是分别考察这两个变量的作用，很少将其纳入一个系统的理论框架下进行分析。在中国现在处于的制度转型过程中，面对复杂的制度环境，企业自身的人力、物力和财力，及其组织结构都可能对其利用管理者关系来捕获机会产生影响，而且由于管理者关系并不是只有简单的线性关系，因此，企业资源储备的作用也值得进行深入的研究。本书将同时考虑企业资源储备和组织结构这两个资源基础的重要组成因素的调节作用，来比较在不同的制度环境下，这两个因素对于组织利用管理者关系进行机会捕获有何不同影响。

结合以上提出的研究问题和目前研究的不足，本书构建了如图3-1所示的研究框架来对以上问题进行具体分析。一方面，力求弥补目前研究的不足，丰富我国制度转型背景下的管理理论研究；另一方面，为我国企业有效地捕获机会提供一定的指导。

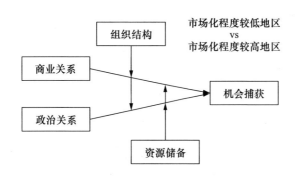

图 3 - 1　本书的研究框架

第二节　相关概念的界定

一　管理者关系

本书的研究对象是企业管理者的关系，即"企业管理者的'跨越边界'活动以及他们与外部实体的交互"。企业管理者的关系网络是很普遍的现象，因为企业管理者总是花费大量时间和精力来建立人际关系。

本书研究的关系是建立在企业管理者与其他企业（如供应商和客户）的管理者以及政府官员所形成的以自我为中心的社会联系网络（Ego network）和联系质量基础上的。企业管理者与其他企业的管理者以及政府官员所形成的社会联系网络是作为一种企业弥补制度缺陷，获取稀缺资源的渠道机制而存在的。而企业管理者与其他企业的管理者以及政府官员之间建立的信任和互惠的规范则作为一种非正式治理机制，对协调和推动企业之间以及企业和政府之间合作的集体行动起着关键作用。

由上面的分析可以看到，企业管理者的关系可以转化为企业间以及企业与政府部门间的关系，从而为实现企业的目标而服务的。这种转化通过两种方式实现。一种方式是通过扩展了的自我概念。

在中国的价值体系中，个人的财产和工作被视为它扩展了的代表的一部分，其他人需要给你尊重。如果个体 A 与个体 B 有私人关系，个体 A 需要个体 B 在商业交易中给以帮助，个体 B 需要像对待个体 A 一样对待该商业交易。否则个体 A 会感觉到没受尊重或者丢了面子。另一种方式则相反。个体 A 可以通过偏向于个体 B 参与的商业交易以偿还对个体 B 的责任，如帮助个体 B 的公司做成更好的买卖或者提供及时的信息。这样企业的交易就被个人化了，这个过程在大多数发达国家包括我国香港地区被认为是非法的。

根据上述理解和本书研究的需要，我们将企业管理者的关系定义为：企业管理者建立在信任和互惠的规范基础上的以自我为中心的社会联系网络，以及通过社会联系网络的帮助弥补制度缺陷，获取稀缺资源、协调和推动集体行动的能力。

二 机会捕获

作为企业家精神的核心，成功捕获机会的能力对企业生存和成长至关重要。

西恩在其研究中探讨了机会在整个企业创业活动中的作用，他发现每一个成功的企业都把发现、评价和开发机会作为企业活动的核心组成部分；新的机会如新产品和服务、新市场、新生产方法、新组织方式、新材料等一般都会随着外部技术、政治环境或社会环境的变化而到来，企业通过内部商业创意开发来利用这些机会；同时对机会的合理评价能正向促进企业捕获和开发机会，从而获取一定的竞争优势[①]。在细致地研究了企业从发现到开发机会的整个过程后，可以具体给出机会捕获这一过程的定义：机会捕获的过程是描述个体或公司如何将感知到的从前未知和未见的方法从而产生一个目标—结果的框架。当企业家感觉到外部机会的存在并意识到这是一个有价值的机会，且能对这个机会的价值进行评估，并预计捕

---

① Shane Scott, "Prior knowledge and the discovery of entrepreneurial opportunities", *Organization Science*, Vol. 11, No. 4, 2000.

获这个机会开发出产品和服务的价值大于其成本，且有一定的市场需求，那么，这个企业家会选择去开发这个机会，要么通过新技术对机会进行开发，要么对现有产品做改进以确保捕获到了机会。

借鉴上述研究和研究需要，本书认为，机会捕获是指能通过对所处环境的评价并利用自身的能力和资源，快速对机会做出反应并追求这些机会，以用来实现企业成长的行为。

三 组织结构

企业目标是企业组织结构形成的根本驱动力，而企业目标概括说来主要包括追求运作的稳定性和效率，以及不断地创新以适应外部环境的动态性。具体来说，企业为保证其运作和谐有序并可以控制，必须使其组织结构在一定程度上拥有稳定性，从而提高企业的运作效率，并实现企业设定的目标。另外，企业还要应对外部瞬息万变的环境，并力争在这种环境中生存和繁荣，这就要求企业的组织结构在拥有稳定性的基础上还要具有一定程度的柔性。下面本书会分别给出机械化组织结构和有机化组织结构的定义。

（一）机械化组织结构

机械化组织结构，往往被叫作官僚的行政性结构。当企业的组织结构具有机械化的特点时，最为明显的特征是企业中具体的工作流程和业务有非常清晰的定义和说明，分工详细且规则明确。在机械化的组织结构中选拔员工时，其选拔标准具有高度的客观性。当完成制度制定和人员选拔后，在企业实际运作时机械化的组织中会在每个层级严格控制各项工作以确保其按照规则来规范地运行。总的来说，机械化的组织结构同时拥有复杂性、正规性以及集权性。

（二）有机化组织结构

有机化组织结构是与机械化组织结构相对应的，也可以称为适应性组织结构。当企业拥有有机化组织结构时，企业中没有明确的层级差别，部门分工较为模糊，也没有一成不变的固定职位，且不会制定具体且明确的制度和规则。有机化组织中，企业最底层的员工拥有很大的自主权，他们能依靠自身具有的资源来进行决策并与上下层级进行直接的沟通。在有机化的企业中，组织中的成员往往拥有娴熟的专业技能，能够独立地解决问题，并拥有良好的沟通技巧。在这种类型的组织结构中，复杂性、正规性和集权性都较低。

四　资源储备

本书中所提到的"资源储备"主要由企业的人员储备、资金储备以及设备储备这三个部分组成。其中，人员储备主要描述企业中员工的技术水平、创造力等；资金储备是指企业获取贷款的能力，可自由支配的资金以及未分配利润的多少等；设备储备是指企业中设备在同行业中的先进程度，以及设备的运营效率等。

第三节　假设的提出

在这个小节中，根据社会资本理论、机会捕获相关文献、制度理论等理论基础以及之前学者的相关研究结果和企业中具体的管理实践，笔者对管理者的商业关系、政治关系、机会捕获、组织结构、资源储备等有关因素之间的关系进行详细的阐述和分析，并在此基础上提出可检验的理论假设。

一　不同制度环境下管理者关系与机会捕获

彭维刚、陆亚东等学者指出，企业所处的不同制度环境会影响管理者关系效用的发挥。地处东南沿海地区等市场制度较完善、经济较发达地区的企业和地处中西部地区市场制度较不完善、经济欠发达地区的企业建立、使用各种管理者关系的动机、过程和结果都有所差异。因此，本书将地处东南沿海地区的企业与地处中西部地区的企业分为两个样本，分别分析在不同制度环境中，管理者关系是如何影响企业家机会捕获的。

（一）商业关系对机会捕获的影响

企业的商业关系是指企业的高层管理者与其他企业（如供应商、同行与客户）的管理者建立的良好的管理者关系。在正式制度不健全的转型经济条件下，企业管理者个人的商业关系也能弥补正式制度的不足，为企业带来各种资源和机会，主要体现在原材料、技术知识和需求信息。

奥斯特姆在 2005 年提出了制度多中心主义的概念，即每种权利都有多个制度的中心。根据这个观点可以知道，制度体系是复杂并具有多个层次的。因此，在同一个国家内，与正式市场相关的制度会因为地域不同而不同，所以检验在同一国家中处于同种文化和社会体系，但市场制度完善程度不同的区域的企业的商业关系的影响作用的异同是非常有意义的。现有的关于市场化有效性逻辑的文献指出，在高度有效的市场制度环境中，即市场制度相对完善的地区，管理者关系的作用对信息流和交易的作用会减弱。但是，由于中国的关系文化源远流长，在中国这个大环境中，管理者商业关系的作用即使在市场制度环境较为完善的地区其作用依然不容小觑。虽然商业关系的作用不可忽视，但由于中国市场化进程的时间不一致，导致各区域间制度环境不尽相同，各个区域里独特的制度环境特征使得所处其中的企业利用其商业关系来捕获机会的程度也不尽相同。

在中国，随着改革开放的日渐深入，中国的市场化经济体系和规范逐渐成熟，但是，由于中国地理位置广，且改革开放是由东部沿海地区开始再逐步深入中西部等内陆地区，因此，这两个地方的制度环境不尽相同。由于市场化进程更为深入且市场更加开放，我国东南沿海地区毋庸置疑地拥有更多的市场机会。为了更好地捕获这些市场机会，企业通过它们的商业关系来获取外部资源如更具时效性的信息、可以用来预测市场趋势或变化的顾客的新偏好等。当市场中的机会更为丰富时，这些资源对于机会捕获的正向作用越发明显。此外，在市场化体系较不发达的地区，市场机会相对会少很多，因此商业关系对于机会捕获的正向作用不如在市场化体系较为成熟的地区那么明显。

对企业而言，建立和维持商业关系能够增强商业伙伴间的信任，并能够提高对于有价值资源共享的概率。具体来说，与商业伙伴建立商业联系能够促进知识的转移、各类信息的共享以及对于资源的分享。例如，与供应商建立良好的商业关系能够获得更加优良的原材料物流服务，同时也能够获得最新的原材料创新信息以及流程改进等信息。与顾客建立的商业关系能够在短时间内获取顾客对于市场需求的信息并能够及时将这些信息体现到产品设计、服务中，事实证明，顾客创新由于关注的是最终用户的需求往往能够优先的识别和捕获到新的市场机会。同时，通过与供应商和顾客建立直接的商业关系能够更快速地获得他们的偏好，这些数据的获得能帮助企业在更具潜力的市场找到更多的机会从而完成机会捕获。因此，本书认为，商业关系在全国范围内对于机会识别都有正向促进作用。根据上述分析，本书提出如下假设：

假设1a：在中国市场化程度较低的地区，商业关系正向影响机会捕获。

假设1b：在中国市场化程度较高的地区，商业关系正向影响机会捕获。

（二）政治关系对机会捕获的影响

企业管理者的政治关系是指企业的高层管理者与政府官员建立良好的管理者关系。在正式制度不健全的转型经济条件下，企业管理者个人的政治关系弥补了正式制度的不足，能够给企业带来各种资源和机会。与商业关系主要提供技术、资金、知识等外部资源不同，管理者关系的重要作用在于利用政府制定颁布政策、支配资源等方面的特殊权利，帮助企业获取政策支持、市场准入、法规保护以及市场正统性等重要而特殊的资源。本书认为，对于地处中西北部地区等政府仍然占很大主导地位的企业来说，政治关系会正向促进机会捕获。

大量的现有文献指出，中国的企业能够从它们的政府关系中获益。通过政府关系，企业可以获得一些稀缺资源从而能够更好地识别和捕获有利可图的市场机会。传统的观点认为，中国企业的政治关系是其核心资源之一，由于计划经济的残留，政府主导的经济增长预期使政府关系能够在某种程度上影响企业的战略决策，因此，中国企业会寄希望于自己的政治关系以获取更好的市场机会。但是，随着经济体制改革的深化，中国的市场体制和制度环境在最近40年中有了显著的变化，更高程度的市场制度的有效性会影响企业政治关系作用的发挥。

在市场化体系还不太发达的地区，比如中国的西北内陆地区等，长久以来的计划经济留下的烙印会更加地明显。这些地方的制度环境和市场化体系甚至保留了一部分计划经济时代的特征，这些地区的绝大多数企业会强调与政府的联系。由于制度环境和深入人心的"关系"文化，在这部分地区的企业家们会更加努力地建立企业与各层政府官员的关系。虽然随着改革的逐渐深入，当地政府会鼓励放宽对企业的束缚并减少对于企业经营活动的直接干预，但是这些地区的政府部门仍然掌握着一些稀缺的核心战略资源，并对项目审批和资源分配等有着巨大的权力。因此，由于市场机制在这些地区的作用较弱，在这种情况下，企业通过直接的市场机制来获取捕获机会所需的资源相对较难，于是，处于这些地区的企业会更加努力地建立并维持他们的政府关系来更好地捕获机会。具体来说，企业与当地政府建立紧密的联系能够帮助企业获取诸如土地、资金、关于产业规划的更准确的信息以及相关的政策等。这些都有利于处于我国中西北部地区的企业来更好地捕获机会，因此，提出如下假设：

假设2a：在中国市场化程度较低的地区，政治关系正向影响机会捕获。

自改革开放以来，中国政府在沿海地区建立了一些经济特区（如我国第一个经济特区深圳），以吸引海外的直接投资，随着市场化进程的深入和改革开放的深化，这些经济特区逐渐成长为具有市场经济特征西化的、拥有完善的基础设施支持的特殊区域，这些区域的制度和市场环境更为稳定也具有更明显的市场竞争性质。因此，这些东南沿海地区比中国中西北部内陆地区的市场化经济体系更为成熟和完善，制度环境也不尽相同，在这些区域中，市场效率机制对于企业的影响也更为明显。但是，正是因为同时拥有西化的市场、制度环境和中国源远流长的传统的关系文化氛围，这些区域中企业的政治关系的作用表现出了比中国中西北部等内陆地区企业更为复杂的特点。

当企业的政府关系从一个较低水平上升到适中的水平时，企业能够从这种程度的政府关系中获取诸如项目审批等方面的政府支持，同时可能获得更为有效的物流系统，且从其他企业收取货款更能得到保证也相对会更加容易。在这种情况下，企业仅仅需要投入适中水平的资源就能够维持这一程度的政治关系，并可以投入相对多的资源到市场机会的识别和捕获上去。因此，建立和维持适度水平的政治关系不仅能够帮助企业获取正统性，而且也不会被社会大众认为有腐败等的嫌疑。但是，在过了某种适度的程度后，企业继续加强其政治关系会降低其对于市场机会捕获的正作用。

首先，建立和维护过高水平或者说过于紧密的市场关系会产生大量的额外成本，而过度紧密的政治联系使得从政治关系处获取的资源具有更为浓厚的政治色彩，且企业可能被要求与建立政治关系的实体产生政治互惠作用，而产生政治互惠会在很大程度上阻碍企业在市场上搜寻机会的活动。

其次，过度紧密的政治联系会让企业产生一种惯性，使其过度依赖于政府的帮助，即使外部环境动荡明显时，由于过度紧密的政治联系造成的依赖也不会降低。这种惯性不仅会降低企业独立识别和解决问题的能力，同时也会妨碍企业引入和开发新观念，从而导致对机会捕获的效率降低。

最后，企业必须投入大量的资源来维持这种过度紧密的政治联系，而由于已经投入大量的资源，进一步让企业陷入这种低效率的关系和产出中。由于政治关系的价值很大一部分取决于所联系的政府官员的权力和其仕途的成功，一旦这些特定官员被调离或失去权力，则这一政治关系会失去其本身的价值，甚至有可能成为企业的累赘。特别是当市场化制度和体系较为完善的地方（开放程度越高的市场对于政府的指导和受到政府的干预越小），市场交易成本更低且市场的自我调节对所处其中的企业在进行决策是有重要影响。因此，在市场化程度更高的地区，企业会选择在市场中捕获机会而不是听从政府的指导，这时，过度紧密的政治联系对于企业的机会捕获的正作用会下降。基于此，本书提出如下假设：

假设2b：在中国市场化程度较高的地区，政治关系对机会捕获有倒"U"形影响。

二　组织结构的调节作用

组织结构是一种责任和权利的分配方式，也是组织成员间工作程序的进行模式。组织结构包括沟通的渠道、规则和流程、权利的分配、工作的组织、分组和联系等。根据前人的研究成果并结合本书的研究问题，这里将企业组织结构分为机械化组织结构和有机化组织结构两种。机械化组织结构是集中化地进行决策，严格遵守制定的规范和程序，对于信息流的严格控制，同时精心构建信息流和工作报告间的关系；而有机化组织结构是去中心化的决策过程，组织适应性和柔性都较高，开放式的交流，并不太重视正式的制度和流程。早在20世纪80年代，就有学者指出，企业组织结构对企业家的活动会产生影响，但组织结构是如何影响机会捕获的研究却非常缺乏。处于不同制度环境中的企业在利用其管理者关系进行机会捕获时，由于商业关系和政治关系带来的资源和结构本身有显著不同，因此企业本身的组织结构对两种管理者关系和机会捕获在不同的制度环境下的影响也有所不同。下面将在东南沿海地区企业和中西部企业中分别对组织结构对于商业关系和政治关系对企业家机会捕获的调节作用进行分析。

（一）组织结构对商业关系和机会捕获关系的调节作用

虽然我国从1978年开始即开展经济体制的改革，但由于改革力度不同，市场化进程也不同，导致地处我国中西北部地区的企业相较东南沿海等市场化程度更高的企业来说，面临着不够完善的市场竞争和制度体系。地处中西北部等内陆地区的企业，组织结构本来相对保守，而早前就有学者的研究明确指出，保守的企业家在机械化的组织结构中更有效率。

由于地区经济条件和自然环境的限制，这些在中国属于经济欠发达地区的企业家往往更加固守成规，其在运用商业关系来捕获机会时往往也是这样的，因此本书认为，机械式的组织结构，更有利于我国中西北部地区的企业运用商业关系来进行机会捕获。

具体来说：首先，机械化的组织结构有清晰的角色定位，职权分明，对计划、定位和控制行为有足够的支持。同时，这种组织结构提供了秩序和一致性，因此非常适应追求完成既定路径和可预测的需求的保守的企业家们。中西北部地区由于市场化进程还不够深入，市场整体情况相对保守，企业家从其商业伙伴中获取的用来捕获机会的资源和信息往往具有一定同质性且可能产生冗余，而机械式的组织结构由于其对既定计划和控制行为的良好支持，能够最大限度地挖掘和利用商业关系所带来的资源和信息，从而更好地捕获到机会。

其次，虽然中国目前在全国范围内促进企业自主创新，鼓励企业积极开展有重大突破的产品创新，但是由于中西北部地区的市场很大程度上面对的主要是国内市场二、三级市场，无论是上游的供应商还是下游的顾客，由于受传统观点和计划经济残余的影响，在企业经营或行为处事方面都可能较东南沿海地区的同类型主体保守。因此，处于中西北部的企业家在构建和利用与供应商和客户等的商业关系时，会充分考虑对方的特征并投其所好，而组织结构作为企业的支撑，也能作为企业家的某种标签。机械化的组织结构所具有的正式性的规则和规范，以及高度中心化的特点，能够使中西北部地区的企业家们快速与商业伙伴达成共识，并完成从商业关系中获取的资源和信息在企业内部的共享。因此，机械化组织结构的这些特征能够进一步地促进商业关系对于机会捕获正作用的发挥。

最后，在相对可以预测的环境中，机械化的组织结构比有机化的组织结构更为有效。相较机械化的组织结构而言，有机化的组织结构虽然能提高企业对外部环境的响应速度，但是却不能很有效地让组织完成既定的路径和标准化的任务。由于中西北部地区市场环境相对保守，从商业关系中获取的资源和信息以及存在的市场机会也具有类似性。总的来说，同质性的企业更容易建立其相对稳固的商业关系，也更容易让企业通过商业关系来获取捕获机会所必要的信息和资源，因此，在中西北部企业所面临的制度大环境下，机械化的组织结构是更有利于商业关系对机会捕获产生正向影响的。基于此，本书提出以下假设：

假设3a：在中国市场化程度较低的地区，机械的组织结构更有利于商业关系对机会捕获产生正向影响。

如前文中所论述的，由于我国东南沿海地区先一步地实施了改革开放政策，且市场化进程更为深入和彻底，东南沿海地区的企业面临着更加自由、更以市场主导的竞争环境。处于该地区的企业家也能更好地积极响应政府提出的开展突破式自主创新的号召。同时，由于受到大环境的影响，目标企业建立商业关系的伙伴无论供应商还是客户，大多数也比中西部等内陆地区相应的企业更具有市场化的特征。进一步说，东南沿海地区的制度也相对更为完善，市场机制能够在某种程度上保证自由竞争的市场，这时，本书认为，更具柔性并可以使企业对外部环境产生快速响应的有机的组织结构更能够促进商业关系对于机会捕获正作用的发挥。具体原因可总结为以下两点：

第一，地处我国东南沿海地区的企业面临着更为激烈的竞争和更加瞬息万变的市场环境和客户需求，这部分企业商业关系的建立主要也希望更及时地从供应商处获得生产原料来源，同时更快速地掌握顾客的偏好信息，从而才可能捕获转瞬即逝的机会。而有机的组织结构由于其结构特点包括企业内行政关系具有柔性和非正式性的特点，同时可以根据具体情况来进行授权，因此，可以使企业对于从其商业关系中获取信息和资源产生更为快速的响应，从而进一步促进商业关系对于机会捕获的正向作用。

第二，地处市场改革更为深化，制度环境更为完善的我国东南沿海地区的企业，其从商业关系中获得的无论是来自供应商的原材料信息及配送情况，还是下游顾客的需求波动等，都是一个非常多元化且庞杂的资源集合，而有机的组织结构由于具有相当的柔性且能够让企业家意识到并支持其资源交流和整合的内部平台，能够使得从商业关系中获取的对于机会捕获有利的信息以快速的跨部门的方式渗透到企业的各个地方。具体来说，因为有机化组织结构流动性和柔性更好，交流的渠道更多，决策时的去中心化程度更高，有机的组织结构能够促进这部分通过商业关系获取的资源和信息更好地被利用，从而进一步提高机会捕获的效率。

第三，拥有更好的制度环境和更多的市场机会，也就意味着面临着更为激烈的竞争和更高的创新需求，因此地处东南沿海地区的企业的竞争和创新压力以及面临的风险都要远远高于内陆如西北部地区的企业，时效性对于他们来说更为重要。通过商业关系获取的资源和信息由于制度和市场本身的特点也带有一定的时效性，而有机的组织结构恰好能做到高程度的水平整合以促进知识转移，同时去中心化的决策使运营问题能够快速有效地得以解决，因此有机的组织结构能更好地促进商业关系中获取的具有时效性的资源和信息的充分开发和使用，从而更好地为机会捕获服务。因此，根据上述分析，本书提出如下假设：

假设3b：在中国市场化程度较高的地区，有机的组织结构更有利于商业关系对机会捕获产生正向影响。

（二）组织结构对政治关系和机会捕获关系的调节作用

在我国中西北部等内陆地区，市场化进程较慢，且政府依旧掌握着大量的关键性资源，如资金、贷款发放和项目审批等。该地企业通过与政府建立关系来获取一些特定的资源来进行机会捕获，以作为对于正式制度不足的一种补充。同时，这些地区的政府仍然有较大的权力干涉产品市场和企业经营，相对保守的制度环境使市场环境也同样相对保守和较为稳定及容易预测，而早有学者指出，机械化的组织结构在相对可预测的环境中更为有效。因此，本书认为，机械化的组织结构更有利于政治关系对机会捕获产生正向影响。

具体来说，首先正式性是机械化组织结构的一个重要特征。正式的过程能同时控制任务和角色，能促进各部门间参与此活动的投入情况，因此会导致更为有效的信息共享（而不仅仅是快速的共享）。对于中西北部的企业来说，由于政府有很强大的能力干预企业经营，甚至可以控制产品市场，企业建立的政治关系更接近于一种上下级的关系，且企业从政治关系中获取的信息和资源更多的是非常直接无须经过复杂处理过程的信息和资源，如较低利率的贷款、优先的项目审批和土地划拨或政府采购等较为明确的市场机会等。机械化的组织结构利用其正式性、严格的规范性、分级明显的集中决策系统来协调这些通过政治关系进入企业的直接可用的资源，使其得以更加迅速、有效地分享到所需部门，从而实现更为高效的机会捕获。

其次，中心化程度高是机械化组织结构的另外一个重要特征，中心化程度越高，信息在组织内传输和利用的效率也会越高，这样会带来更为有效和具有时效性的决策过程，因为在高度中心化的情况下，由于控制权限更高，冲突和模棱两可的情况会显著减少。这样一来，部门间可以在更短时间内达成共识并能够提高跨部门间的分享效率。由于中西北部企业在建立政治关系时，需要投入额外的一些资源，对于本身资源有限的企业来说，机械化的组织结构能够更快速地在资源使用上达成一致，从而更好地发挥其政治关系对机会捕获的效果。

最后，由于地处中西北部地区的企业多以制造业为主，且其发展道路上很多已经具有了一定程度的政治背景（如国家控股或注资等），而中西北部等内陆地区的政府往往比经济较为开放和发达的东南沿海地区政府更具官僚性。这时，机械化组织结构由于具有正式的规则和规范以及层级明确的近官僚化特点，使这种组织结构更有利于地处中西北部地区的企业利用这些相似性，来更好地利用政治关系去追求更有前景的业务，从而更好地捕获机会。综上所述，提出假设如下：

假设4a：在中国市场化程度较低的地区，机械的组织结构更有利于政治关系对机会捕获产生正向影响。

在我国制度环境较好，经济发展程度较高的东南沿海地区，如本书在之前假设2b中分析的，政治关系和机会捕获的关系不是简单的线性关系，而是呈倒"U"形，因此，组织结构如何影响这种倒"U"形关系也会相应的较为复杂。

当市场化程度较高地区企业的政治关系处于较低至适中水平时，由于有机的组织结构内在的规范性较低，更具柔性，且风险承担性更强，可以创造性地解决一些问题。这时候，有机的组织结构能促进企业从其政治关系中收集更多的情报。由于组织形式的层级较少，会对来自政治关系的这些情报和资源有最快速的反应，同时，有机的组织结构能够通过建立一个鼓励创造性和学习的内部环境来促进跨部门的交流，使得从政治关系处获取的信息和资源可以得到充分利用从而发现更好的机会并提高机会捕获的效率。进一步说，有机的组织结构能够促进企业进行技术创新，而东南沿海地区的政府更为强调企业进行自主创新，尤其喜欢能有突破性创新的企业。因此，当地处东南沿海的企业的政治关系保持在适中水平时，有机的组织结构让它们更加符合当地政府的要求，进而潜在地提高了政治关系对于机会捕获的正向作用。

但是，当地处市场化程度较高地区的企业的政治关系超过适中的程度，变得过于紧密时，有机组织结构对政治关系和机会捕获的关系的影响变得不太一样了。当企业政治关系过于紧密时，没有一种有效的机制来保证政治关系的长期性，在中国，特别是东南沿海地区的官员更加注重的是自己的政治生涯，而不是去迎合企业的利益，在过于紧密的政治关系中，企业不得不将自己的利益与官员的利益在某种程度上保持一致来维持这个已经投入很多资源的关系，这时候，以柔性为特征的有机的组织结构已经不再适宜，扁平化的组织结构和跨部门的合作以及模糊的任务说明不再适合这种过度紧密的政治关系。与企业过度紧密的政治关系有可能导致政府官员的寻租行为来最大化其短期利益，如迫使企业完成一些具有高社会性但低经济回报的工程项目等，这时，通过政治关系获取的资源和信息已经不适宜在整个组织中流通，也不利于企业进行有利可图的机会捕获。

因此，当企业的政治关系适中时，更具柔性的有机式组织结构有利于政治关系对机会捕获的促进作用的发挥。但是，随着政治关系超过适度的程度，变得越来越强的时候，有机的组织结构会加强政治关系给机会捕获带来的不良影响。基于以上分析，本书提出以下假设：

假设4b：在中国市场化程度较高的地区，有机的组织结构会加强政治关系对机会捕获产生的倒"U"形影响。

三 资源储备的调节作用

（一）资源储备对商业关系和机会捕获关系的调节作用

企业的资源储备反映了企业在人员、设备和资金等方面的储备情况，也是企业的实体资源状况的较好体现。企业掌握的资源会影响企业家利用其商业关系进行机会捕获的能力，并且本书认为，无论是在市场经济欠发达的中西北部地区，还是市场经济较为成熟的东南沿海地区，优良的资源储备都能够提高商业关系对于机会捕获的正向促进作用。

具体来说，基于对制度要素的影响，拥有更多资源的企业对于如何利用其外部资源如商业关系会有更多更好的选择。也就是说，资源储备越好的企业，相对于资源储备较薄弱的企业来说，能够有更多地接近各类外部资源的机会，同样，企业的资源储备及其资源配置的情况会影响企业家管理不确定性以及与外部实体之间的联系。

因此，对于资源储备更好的企业来说，企业家们能够更好地准备迎接机会的到来，所以其利用商业关系进行机会捕获的结果也会越好。

资源储备好的企业，会给其合作伙伴及利益相关者（如上游的供应商、下游的分销商和顾客）一种信号，即与这类资源储备好的企业建立关系可以获得更多利益并最大化这个关系的价值。为了能够维持与资源储备好的企业的商业关系，这些企业会更加愿意提供信息和资源，从而换取资源储备好的企业的信任以此使商业关系能够更持久和更有收益。因此，与资源储备较差的企业比较看来，资源储备好的企业的企业家能够更容易地从商业关系中获取机会捕获所必需的资源和重要的信息，因此其利用商业关系来进行机会捕获的成功效率也会越高。

进一步说，拥有更好资源储备的企业在与其建立商业关系的实体中往往也占据了主导的地位，从而在这一商业关系中更具有话语权，有时甚至能够影响合作关系中规则的制定和行程，资源流通和分配的具体形式等。具体来说，在与供应商的商业联系中，资源储备好的企业能够更好地利用这一商业关系中的优势来获得更快速的响应系统，并通过获得高效、快速的配送，更高质量的原材料供应，更优质的供应商服务，以及从供应商处获得更多更好的市场信息来充实其识别和捕获市场机会的能力。

反过来说，企业的资源基础较差时，会让它们在商业关系中的讨价还价能力变弱。而资源储备好的企业，往往拥有更大更好的资源束和资源配置，也拥有更高的讨价还价能力，资源储备好的企业能够更好地抵御来自商业伙伴的压力以及可以更好地应对机会主义行为。总的来说，资源储备越好的企业，越能够从商业关系中获取机会捕获所需要的资源和优势，因此，本书提出以下假设：

假设5a：在中国市场化程度较低的地区，资源储备越好，越能促进商业关系对机会捕获产生正向影响。

假设5b：在中国市场化程度较高的地区，资源储备越好，越能促进商业关系对机会捕获产生正向影响。

（二）资源储备对政治关系和机会捕获关系的调节作用

在市场化程度较低的地区，企业的竞争力相较市场化程度较高地区的企业来说普遍是较弱的。在市场化程度较低的地区中，大多数资源储备好的企业，如资金充足，设备先进，人员富余的企业，主要都是国有企业。这些地区的省市级政府部门对企业控制权更大，地方政府往往通过行政手段来对当地企业进行干预，例如对于各类项目审批、申请的严格控制，稀缺资源分配等。当然，这些地方政府对于拥有资源储备好的企业往往会更加关注和照顾，因为这些企业会为地方政府带来较为快速的税收，使当地政府及官员有可能依靠这些企业来获得更为显著的政绩。

为了使当地经济更为快速的发展，市场化程度较低的地区，例如我国中西部地区的政府部门会给资源储备良好的企业提供大量的支持，因为这样做最有可能提高这些当地政府的竞争力以及拉高地区 GDP。当市场化体系不够完善时，企业家较难发现良好的商业机会，这种情况会促使他们使用其政治关系以获得在行业内及政府部门的正统性，从而获得可观的来自政治关系的帮助和扶持。因此，位于中西北部地区且资源储备好的企业更能够通过其政治关系来获取一些稀缺的资源，从而可以捕获到更有利可图的商业机会。基于上述分析，本书提出如下假设：

假设 6a：在中国市场化程度较低的地区，资源储备越好，越能促进政治关系对机会捕获产生正向影响。

在市场化进程更为深入，经济更为开放的东南沿海地区，由于特殊的市场情况和制度环境，使政治关系和机会捕获的关系更为复杂。地处东南沿海地区的企业往往面临更为激烈的竞争，因为改革开放深化的缘故，且当地政府希望进一步发展地区经济，持续的招商引资等政策使这个地区的企业类型更为丰富，更多外资成熟企业也会参与到这个地区的竞争中来。与中西北部地区的政府类似，东南沿海地区的政府也会更多地将目光投向拥有更好资源储备的企业，因为这类企业在竞争激烈的环境中可能更具优势，也有可能为当地政府带来更高的税收。因此，在东南沿海地区，资源储备好的企业能够促使地方政府对它们进行扶持和帮助。因此，当东南沿海地区的企业拥有适度的政治关系时，资源储备越好，则企业家越能利用现有的政治关系来进行机会捕获。

但是，在东南沿海地区，市场化程度相对较高，改革开放以来，越来越多的资源储备优良的企业已经适应了更为开放和市场化的竞争环境，这些在中国经济较为发达地区的企业已经适应了全球性的竞争环境，它们往往已经将市场拓展到了海外，这类企业的成长很大程度上依赖于它们在国际市场的竞争力。由于这些原因的存在，东南沿海地区资源储备较好的企业相对来说会更加熟悉市场化的信息和规则，也拥有更大的关于市场资源的储备。同时，市场化程度越高、市场竞争越激烈的地区越能提供更多更好的商业机会，这样会导致地处东南沿海地区企业构建政治资源的机会成本变高。为了维持过度亲密的政治联系，资源储备好的企业必须付出更多的时间和精力，这样会削弱其投入在机会捕获上的资源。资源储备好的企业往往更有可能产生组织内部官僚僵化（Bureaucratic inertia）的问题，这样会使它们响应市场变化和捕获市场机会的能力下降。资源储备越好，过强的政治关系越有可能导致这种僵化的产生，由于资源储备好，这些企业有可能在利用其紧密的政治关系时被局限在其中，从而影响其对于市场机会的捕获。

因此，当企业的政治关系适中时，资源储备越好，越有利于政治关系对机会捕获的促进作用的发挥；但是，随着政治关系超过适度的程度，变得越来越强的时候，由于建立这些紧密关系带来的机会成本大大增加，过多的资源储备会导致对机会捕获不良影响被放大。基于以上分析，本书提出以下假设：

假设6b：在中国市场化程度较高的地区，资源储备越好，越能加强政治关系对机会捕获产生的倒"U"形影响。

四　小结

本章在以往研究的基础上，结合中国制度转型的独特特征，提出了管理者关系对于机会捕获的影响，以及企业内部资源对这一过程的调节作用的研究框架，并具体分析了管理者的政治关系和商业关系在中国不同制度环境下对机会捕获的影响，组织结构和企业的资源储备对这一关系的调节作用。本书在研究框架的基础上提出了12个研究假设，具体如表3－1所示。

表3－1　　　　　　　　　　　假设的归纳

编号	假设内容
假设1a	在中国市场化程度较低的地区，商业关系正向影响机会捕获
假设1b	在中国市场化程度较高的地区，商业关系正向影响机会捕获
假设2a	在中国市场化程度较低的地区，政治关系正向影响机会捕获
假设2b	在中国市场化程度较高的地区，政治关系对机会捕获有倒"U"形影响
假设3a	在中国市场化程度较低的地区，机械的组织结构更有利于商业关系对机会捕获产生正向影响
假设3b	在中国市场化程度较高的地区，有机的组织结构更有利于商业关系对机会捕获产生正向影响
假设4a	在中国市场化程度较低的地区，机械的组织结构更有利于政治关系对机会捕获产生正向影响
假设4b	在中国市场化程度较高的地区，有机的组织结构会加强政治关系对机会捕获产生的倒"U"形影响
假设5a	在中国市场化程度较低的地区，资源储备越好，越能促进商业关系对机会捕获产生正向影响
假设5b	在中国市场化程度较高的地区，资源储备越好，越能促进商业关系对机会捕获产生正向影响
假设6a	在中国市场化程度较低的地区，资源储备越好，越能促进政治关系对机会捕获产生正向影响
假设6b	在中国市场化程度较高的地区，资源储备越好，越能加强政治关系对机会捕获产生的倒"U"形影响

第四章　研究方法

　　本书采取实证检验的方法来验证文中提出的十二个假设。本章首先详细地说明了数据收集和样本选取情况；其次介绍问卷设计和因素测度指标的选取；最后简单介绍实证检验的方法。

第一节　数据收集

　　本书源于一个研究课题，该课题致力于从理论上探索、分析和解决由于地区经济状况发展不能保持一致，面临不同制度环境的企业如何更好地利用其管理者关系，并结合自身的组织结构形态和资源储备状况来更好地捕获机会，旨在为管理者提供更为合理的决策依据，以及为政府制定相关政策提供建议。

　　本项目进行了大量的企业调研，核心目标是为该研究项目提供数据支持。通过前期的文献检索和阅读、专家访谈及企业调研，课题组设计了针对企业机会捕获、管理者关系、组织结构、组织内部资源状况、企业战略、行业竞争、制度环境等方面的调研问卷。

一　问卷设计

　　问卷设计的过程中，主要参考国外高水平学术期刊正式发表的研究论文进行变量的选取和度量指标的确定，同时我们还结合我国实际情况对具体的度量指标做出一定程度的改进。需要指出的是由于问卷指标大多数直接来源于英文文献，我们首先将英文度量指标翻译成中文。翻译工作由多位有着良好学术背景的博士研究生完成，每一个指标均由两位博士生独立翻译。在完成所有的翻译工作以后，将不同人员翻译的中文进行核对，以保证翻译问卷指标的意思表达准确、流畅。在博士生完成问卷翻译和校对工作以后，将问卷送给精通中、英文两种语言的海外华人教授进行审核，进一步确保翻译的准确性。

在正式调研之前，我们在西安市高新区随机选取了 5 家企业进行预调研。进行预调研主要有以下三个目的：第一，使问卷更加适合我国企业的特点和实际情况；第二，保证问卷的可理解性；第三，消除文字表述方面存在的漏洞，使调查结果更为准确。对预调研过程中发现的问题，课题组进行了相应的修改和完善，最终形成了正式调查使用的问卷。

二　调研过程

由于此次调研范围非常广，为了更加顺利地开展调研活动，对于本次调研样本的确定，我们采用了如下的步骤：由课题组中负责调研联络的人员通过各地的生产力中心和开发区管委会取得详细的企业名录，这些名录清楚地刊载了企业所属行业、主要产品以及企业负责人姓名和联系方式等内容，然后分别均匀地在经济较发达的东南沿海地区如广东省、江苏省、山东省，以及经济较不发达的西北部地区如河南省、吉林省和陕西省来选择企业，最终我们在全国范围内选择了 750 家企业为对象进行调查。

根据之前确定的 750 个企业名录，调研人员对位于广东省、河南省、吉林省、江苏省、山东省和陕西省的企业进行调查。所有调研都是调研人员以面对面访谈的形式进行：这样不仅保证问卷的真实性，还可以保证较高的回收率。同时为了避免一般方法误差（common method bias），每一份问卷都由不同的 2—3 人分别填写。

问卷回收以后，对问卷的判别遵循以下的原则：填满率低于 90% 的为无效问卷；问卷中各选项结果有 70% 以上相同的为无效问卷。本次调研最终回收有效问卷 508 份，总回收率为 67.7%。与国外同类调研相比，本次调研的回收率是比较高的，针对企业高管的问卷访谈中，回收率超过20%的都在可接受范围内。本调研的问卷高回收率主要有以下两个原因：第一，由于本次调研的联络人主要是政府工作人员，而我国企业与政府的关系要比国外企业亲密得多，因此有调研联络人的帮助，被访企业往往能够很好地配合并填写问卷；第二，在调研时，调研员会给企业受访者承诺，课题组将来会对调研结果进行分析，并反馈给该企业一份信息含量丰富的调研成果报告，这份报告可能对其了解行业前景和市场有所帮助，因此也会增加本次调研的回收率。

三 样本的检验

对于调研方法，有两个问题可能会对样本的可靠性造成影响，一个是未回应偏差（No-response bias），另一个是共同方法误差。未回应偏差关注的是回收样本与之前随机选择的样本在数据的统计分布上存在的显著差异，这种偏差的存在说明回收样本无法全面反映总体样本的分布情况。这次调研过程中，我们采用两种方法来评估未回应偏差问题。首先，我们将问卷第一部分的关键变量同问卷第二部分的关键变量进行对比，以检验这两个样本群体是否属于同一大样本。T检验的结果表明这两个群体之间没有显著的差异。另外，我们还采用 X^2 检验来比较回答者和未回答者在三个组织特征（企业规模、行业类型和所有制类型）上的差异。通过检验，没有发现回应者和未回应者在三个组织特征测量指标上存在差异（所有的 p 值都大于 0.1）。经过上述统计方法的验证，本书使用的样本中未回应偏差问题可以忽略不计。

四 样本的分类

由于本研究需要比较当企业面临不同的制度环境时的差别，所以需要将收集到的样本按照市场化程度进行分类，为了进一步说明样本分类的合理性，本书对收集到的508个样本进行了聚类分析。考虑到不同省份的经济发展情况不同，根据中国政府和相关研究机构提供的相对权威的各省份经济发展状况排名，本书根据《中国统计年鉴》建立了一个包括各个省份的数据集，反映了这些省份在

2012 年的经济发展状况。总的来说，这个数据集包括了上述六个省份的如下信息：①固定资产投资；②名义 GDP；③地方财政收入；④地方财政支出；⑤外商直接投资；⑥实际吸收外商投资；⑦第三产业生产总值；⑧GDP 增长率；⑨人均 GDP；⑩当地人口数量。本书利用 K – means 聚类方法来对收集到的 508 个样本进行聚类分析（Kaufman and Rousseeuw，2009）。表 4 – 1 显示了聚类分析的结果：

表 4 – 1　　　　　　　　K – means 聚类分析结果

编号	省份	类	距离
1	广东省	1	10272.838
2	河南省	2	15326.004
3	吉林省	2	10688.660
4	江苏省	1	11254.801
5	山东省	1	9051.809
6	陕西省	2	5005.561

从表 4 – 1 的聚类分析结果可以看出，六个省份被分为了两类，广东省、江苏省和山东省是一类，河南省、吉林省和陕西省是一类，我们认为来自这两类地区的企业面临着不同的市场经济发展状况和制度环境。最终，来自市场化程度较高的东南沿海地区的样本共 244 个，来自市场化程度较低的西北部地区的样本共 264 个。

第二节　本研究所涉及变量的度量

一　度量指标选择的基本原则

实证研究中最重要的环节之一就是设计变量的度量指标，这些度量指标能够影响最后实证分析的结果。本书依照以下顺序来设计实证研究中所需要的度量指标：首先，从现有文献中直接截取量表；其次，基本上所有研究变量的衡量指标都有文献的支持，当现有文献中没有现成可用的度量指标时，则通过深入详细的阅读文献来概括所用变量的特征，以作为最后设计度量指标时的依据；最后，由于西方的管理学研究十分发达，且要比国内的相关研究先进很多，因此超过八成的国外论文都将研究背景设定在了发达国家，由于我国市场、制度环境与发达国家有明显不同，所以课题组成员会针对我国企业面临的特殊的外部环境来设计一些特定的度量指标。

二 变量的度量指标

本研究的主要因素包括企业的商业关系、政治关系、机会捕获、组织结构和资源储备。由于这些变量不是简单的有没有的概念，而是具有一定程度差异的概念，而且这些变量无法通过定量的客观数据来反映，而只能依靠个体感受来测量。结合以上特点，本研究用李克特（Likert）5 分值量表来度量这些因素：要求填写问卷的人员按 1—5 的数字来衡量指标描述的情况与企业实际情况的吻合程度，"1"表示与现实最不符合，"5"则表示与实际情况最为吻合。得分 2—4 为中间状态。采用李克特量表的方式进行测量有两个好处：第一，便于测量那些难以用客观数字描述的变量；第二，使变量的测量更加全面和具有可比性。

（一）管理者的商业关系

管理者的商业关系反映了企业所在行业的同行企业、上游供应商、下游客户等建立的关系。根据之前海外学者的相关研究，并结合中国企业面临的实际状况，本书用以下 6 个项目来测量影响政府能力。被访者需按照其实际情况给以下六个问题进行 1—5 的打分，"就有关与顾客和供应商的关系的陈述，请选择您的赞同程度"：①我们与顾客间已经建立了密切的联系；②我们注重理解顾客的需求；③我们重视发展与顾客之间的关系；④与供应商之间良好的个人关系对公司有重要作用；⑤我们采取实际行动与供应商经理层建立良好的关系；⑥我们了解我们供应商的优点与不足。

（二）管理者的政治关系

管理者的政治关系反映了企业与各级政府之间的关系。根据之前海外学者的相关研究，并结合中国企业面临的实际状况，本书用以下 3 个项目来测量管理者的政治关系。被访者需按照其实际情况给以下三个问题进行 1—5 的打分，"就有关与政府官员的关系的陈述，请选择您的赞同程度"：①我们确保与有影响力的政府官员建立良好的关系；②我们采取实际行动与政府官员建立良好的关系；③改善与政府官员的关系对我们很重要。

（三）机会捕获

机会捕获指能通过对所处环境的评价并利用自身的能力和资源，快速对机会做出反应并追求这些机会，以用来实现企业成长的行为。根据之前海外学者的相关研究，并结合中国企业面临的实际情况，本书用以下三个指标来测量机会捕获。被访者需按照其实际情况给以下三个问题进行 1—5 的打分，"我们在面对机会时"：①重视对机会反应的速度与灵活性；②重点追求具有良好前景的业务；③在有潜力且可利用现有资源和能力的新市场找机会。

（四）组织结构

组织结构是一种责任和权利的分配方式，组织成员间工作程序的进行模式，可分为机械化的组织结构和有机化的组织结构。本书分别用五个指标来测量这两种组织形式，具体测量形式如表 4 - 2 所示（分数越低说明该组织越倾向于机械化的组织结构，分数越高说明该组织越倾向于有机化的组织结构）：

表 4 - 2　　　　　　　　　　组织结构的度量指标

	组织结构	
我们更愿意通过复杂的控制和信息系统牢固地掌控资金和运营	1　2　3　4　5　6 7　8　9　10	我们更喜欢宽松的非正式的控制方式，公司内部对非正式的关系有一定依靠
我们强调所有的员工都要严格按照正式的职务说明工作	1　2　3　4　5　6 7　8　9　10	我们允许员工根据具体情况和个人性格灵活完成任务

	组织结构		
我们强调掌握可靠和正确的管理规定	1 2 3 4 5 6 7 8 9 10		我们强调迅速适应环境变化，而不拘泥于以往的做法
我们坚持整个公司应该有统一的管理风格	1 2 3 4 5 6 7 8 9 10		管理者的行事风格非常自由，正式的、非正式的都可以
我们强调遵循正式的流程和岗位职责行事	1 2 3 4 5 6 7 8 9 10		我们的重点在于完成任务，尽管其方式违背正式的流程

（五）资源储备

资源储备是指企业内部资源的储备情况。根据本书之前的论述和分析，本书采用二阶量表的方式来度量资源储备这个变量。即资源储备由人员储备、资金储备和设备储备三个变量来度量，而这三个变量又分别由五个、三个和四个指标来度量。具体来说，测量人员储备的五个指标如下：①我们的员工技术水平很高；②业内普遍认为我们的员工是最好的；③我们的员工聪明且富有创造性；④我们的员工是其所处的岗位和活动中的专家；⑤我们的员工经常提出新的想法、开发新的知识。测量资金储备的三个指标如下：①我们的未分配利润足够进行市场扩张；②我们有足够的财务储备来提供可自由支配的资金；③我们容易获取贷款。测量设备储备的四个指标如下：①我们使用领先的设备和设施；②我们的设备和设施能够支持高效率和高效益的运营；③我们的设备和设施保持在一流水准；④借助于设备的先进性，我们通常能够超越客户的期望。

（六）控制变量

从以往研究文献可以看出，企业年龄和规模是最显著的两个组织特征，是企业活动的主要影响因素，许多学者都将企业规模和企业年龄作为研究企业绩效的重要控制变量。因此，本研究也将企业年龄、企业规模设为控制变量。企业年龄采用企业创立的时间来测量，企业规模采用企业员工总人数来衡量。不同类型企业（高新技术企业和非高新技术企业）在创新方面存在明显的差异。相比于非高新技术企业，高新技术企业所采用的技术更加先进、前沿，其创新成果也明显地多于非高新技术企业。所以本书将企业所处产业作为第三个控制变量。

同时，大量对组织环境的研究发现，竞争激烈程度对企业机会捕获有重要影响。在竞争更为激烈的环境中，企业对于机会捕获的意愿更加迫切，同时可能会影响组织内部资源的分配和构建商业关系的程度，因此本研究将竞争激烈程度作为第四个控制变量，同样采取李克特5分量表来测量，具体测量指标如下：①我们有许多竞争者；②在本行业内，客户常常更换供应商；③其他公司常常试图抢占我们的客户；④本行业内的竞争很激烈；⑤我们的客户很容易找到替代的供应商；⑥行业内每个客户都从许多不同的供应商处购买产品。顾客需求预测的难易程度以及企业所处行业中产品服务的利润率都对企业利用其管理者关系来开发机会产生潜在的影响，因此本书将这两个变量也作为控制变量进行研究。

第三节　统计分析方法

一　最优尺度回归方法简介

最优尺度回归分析（Optimal Scaling Regression Analysis）能够满足每个分类变量或等级变量只估计1个参数的需要，同时也可以进行同一变量中不同类别间的比较。最有尺度回归的思路如下：根据期望拟合的基本分析范式，来进一步解析不同层级对结果的影响的或强或弱的波动情形；最优尺度回归分析方法的前提假设是变换后每个变量间的相互关系都是线性的；最优尺度分析方法采取的是反复的迭代一种一定的非线性变换方法，进而找到一种最为优化的评分方法，这种方法针对的是最初分类变量间的每一种不同类别；此外，用之前找到的最优的可以量化的评分方法来取代原来的变量以继续分析。最优尺度回归分析有五个主要步骤：

（1）模型设定：在进行估计之前，根据理论来设定假设的初始理论模型。

（2）模型识别：这一步骤要决定所研究的模型是否能够求出参数估计的唯一解。在有些情况下，由于模型被错误地设定导致其参数不能识别，求不出唯一的估计值。

（3）模型估计：模型参数可以采用不同的方法来估计，最常使用的方法是极大似然法和广义最小二乘法。

（4）模型评价：在取得了参数估计值以后，需要对模型与数据之间是否拟合进行评价，并与替代模型的拟合指标进行比较。

（5）模型修正：如果模型不能很好地拟合数据，就需要对模型进行修正和再次设定。在这种情况下，需要决定如何删除、增加或修改模型的参数来增加模型拟合程度。以上五个步骤构成了应用最优尺度回归方法来检验一个理论模型的基础工作。

二 多元回归分析

本书采用多元回归分析对所提出的假设进行实证检验。多元回归分析是研究两个以上的自变量与因变量之间关系的回归分析方法，其原理是依据最小二乘法使各散点与回归模型之间的离差平方和 ε 达到最小的标准下在因变量与众多自变量之间建立最合适的回归方程。ε 的计算公式如下：

$$\varepsilon = \sum (Y_i - \hat{Y}_i)^2 \tag{4-1}$$

式（4-1）中，Y_i 为第 i 次观测值，$\hat{Y}$ 为回归方程，即：

$$\hat{Y} = b_0 + b_1X_1 + b_2X_2 + \cdots + b_nX_n \tag{4-2}$$

多元回归分析可以实现对多个变量的同时处理，通过分析自变量在因变量总变异中所占的比例，在一定程度上探讨它们之间的因果关系。在回归分析结果中，我们通过 F 检验比较回归均方差和均方残差是否存在显著差异对线性回归模型的显著性进行检验，根据每个回归系数的 T 检验结果，考察自变量对因变量是否具有显著的影响；根据回归系数的正负，考察有显著影响的自变量对因变量影响的性质；根据 R – square 的大小，考察自变量对因变量影响的相对重要性。

三　调节效应的检验方法

如果变量 A 与变量 C 的关系是变量 B 的函数，称 B 为调节变量。也就是说，A 与 C 的关系受到第三个变量 B 的影响。调节变量可以是定性的也可以是定量的，它影响因变量和自变量间关系的方向和强弱。参照国内外通行的分析方法，我们按照巴伦等学者提出的步骤对调节效应（Moderating effect）进行检验①。

四　聚类分析方法

所谓聚类就是把样本分成不同的组或类，并且使组与组之间的相似度尽可能地小，而组内样本之间具有较高的相似度。将一群物理的或抽象的样本，根据它们之间的相似程度，分为若干组，其中相似的样本构成一组，这一过程就称为聚类过程，一个聚类就是由彼此相似的一组样本所构成的集合，不同聚类中样本通常是不相似的。

聚类分析就是从给定的样本集中搜索样本之间所存在的有价值联系。与分类不同，在开始聚类之前可能并不知道要把样本分成几组，也不知道分组的具体标准，聚类分析时样本集合的特征是未知的。聚类根据一定的聚类规则，将具有某种相同特征的样本聚在一起，也称为无监督学习。而分类，知道样本可分为几类，将要处理的样本按照分类标准分入不同的类别，也称为有监督学习。

常见的聚类分析方法包括：划分方法、层次方法、基于密度方法和基于网格方法。K – means 是划分方法中最常用的聚类分析方法。给定一个 n 个样本或元组的样本，一个划分方法构建样本的 k 个划分，每个划分表示一个聚类，并且 $n \leqslant k$。也就是说，它将样本

---

① Baron R. M., Kenny D. A., "The moderator – mediator variable distinction in social psychological research: conceptual, strategic, and statistical considerations", *Journal of Personality and Social Psychology*, Vol. 51, No. 6, 1986.

划分为 k 个组，同时满足如下要求：（1）每个组至少包含一个样本；（2）每个样本必须属于且只属于一个组。一般采用欧几里得距离来计算样本之间的距离，从而根据距离的远近划分样本。欧几里得距离计算公式（4-3）如下：

$$d_{ik} = \sqrt{\sum_{1}^{m} (x_{ij} - x_{kj})^2} \qquad (4-3)$$

式中，d_{ik} 为样本 i 与样本 k 之间的欧几里得距离，x_{ij} 和 x_{kj} 分别为第 i 和第 k 个样本的第 j 个指标值。聚类分析在管理学研究中的典型应用主要有：作为数据挖掘的一项功能，聚类分析还可以作为一个单独的方法来使用，它可以帮助分析样本的分布、了解各样本的特征、确定所感兴趣的样本以便作进一步分析。聚类分析还可以作为其他算法（如分类和定性归纳）的预处理步骤，先将样本根据聚类分析方法进行分类，然后再通过方差分析研究每个类别对不同因变量的不同的影响。

五 本研究的回归方程

基本的回归方程如下：

对于中国市场化程度较低地区企业的机会捕获：

方程 1：$Y_{OC} = b_1 X_{AGE} + b_2 X_{SIZE} + b_3 X_{IN} + b_4 X_{CI} + b_5 X_{DN} + b_6 X_{PV}$

$$(4-4)$$

方程 2：$Y_{OC} = b_1 X_{AGE} + b_2 X_{SIZE} + b_3 X_{IN} + b_4 X_{CI} + b_5 X_{DN} + b_6 X_{PV}$
$$+ b_7 X_{BT} + b_8 X_{PT} \qquad (4-5)$$

方程 3：$Y_{OC} = b_1 X_{AGE} + b_2 X_{SIZE} + b_3 X_{IN} + b_4 X_{CI} + b_5 X_{DN} + b_6 X_{PV}$
$$+ b_7 X_{BT} + b_8 X_{PT} + b_9 X_{OS} + b_{10} X_{RB} + b_{11} X_{OS} X_{BT} + b_{12} X_{OS}$$
$$X_{PT} + b_{13} X_{RB} X_{BT} + b_{14} X_{RB} X_{PT} \qquad (4-6)$$

对于中国市场化程度较高地区企业的机会捕获：

方程 1：$Y_{OC} = b_1 X_{AGE} + b_2 X_{SIZE} + b_3 X_{IN} + b_4 X_{CI} + b_5 X_{DN} + b_6 X_{PV}$

$$(4-7)$$

方程 2：$Y_{OC} = b_1 X_{AGE} + b_2 X_{SIZE} + b_3 X_{IN} + b_4 X_{CI} + b_5 X_{DN} + b_6 X_{PV}$
$$+ b_7 X_{BT} + b_8 X_{PT} + b_9 X_{PT}^2 \qquad (4-8)$$

方程 $3: Y_{OC} = b_1 X_{AGE} + b_2 X_{SIZE} + b_3 X_{IN} + b_4 X_{CI} + b_5 X_{DN} + b_6 X_{PV}$

$$+ b_7 X_{BT} + b_8 X_{PT} + b_9 X_{PT}^2 + b_{10} X_{OS} + b_{11} X_{RB} + b_{12} X_{OS} X_{BT}$$

$$+ b_{13} X_{OS} X_{PT} + b_{14} X_{OS} X_{PT}^2 + b_{15} X_{RB} X_{BT} + b_{16} X_{RB}$$

$$X_{PT} + b_{17} X_{RB} X_{PT}^2 \tag{4-9}$$

式中，OC 代表机会捕获，AGE 代表企业年龄，$SIZE$ 代表企业规模，IN 代表企业所处行业，CI 代表竞争激烈程度，DN 代表顾客需求预测难度，PV 代表产品服务利润率，BT 代表商业关系，PT 代表政治关系，OS 代表组织结构，RB 代表企业资源储备。

六　小结

在这一章中，我们对问卷的设计、调研过程和调研样本的基本情况进行了说明。在前人研究的基础之上，并考虑本研究的研究对象和样本特点，对模型所用变量的度量方法和度量指标进行了选择和说明。另外，对本书所使用的分析方法和验证程序进行了简单介绍。将在后面章节详细给出实证假设检验结果，并对结果进行讨论分析。

第五章 实证分析与结果

在理论分析和问卷设计的基础上，本章对所提出的研究假设进行检验。其中，描述性统计分析、信度和效度检验是本书进行假设关系检验的基础，而回归分析主要用来验证本书提出的假设关系。

第一节 数据的有效性分析

一 变量信度检验

在假设检验前，首先需要对研究中涉及变量的信度进行分析。信度分析又称可靠性分析，是对一种现象的测度提供的稳定性和一致性结果的检验，反映了构成变量指标的内部一致性，是衡量某一指标与测度同一因子的其他指标间相关能力的一种重要测度。通常采用 Cronbach α 系数和复合信度 CR 对指标的内部一致性进行估计和验证。Cronbach α 和 CR 的取值都在 0—1，其值越大，信度越高。一般说来，根据先前的研究经验，衡量同一要素的全部指标的 Cronbach α 和 CR 的取值超过 0.7 就是合适的。表 5-1 给出了本书信度分析的结果，本书所有的变量都是在已有研究的基础上提炼出来的，结果显示所有变量的 Cronbach α 值和 CR 值都超过了 0.7。这表明本书所涉及的变量在所采用的样本数据中表现出了很好的内部一致性特征，变量的信度通过了检验。

二 变量内容效度检验

变量的内容效度主要能够体现这个结构变量可以在什么范围内

表 5 – 1a　　　　　　　　变量的载荷和信度指标

变量及其度量指标	市场化程度较低的地区 样本量：264		市场化程度较高的地区 样本量：244	
	因子载荷	信度系数	因子载荷	信度系数
商业关系				
我们与顾客间已经建立了密切的联系	0.731		0.803	
我们注重理解顾客的需求	0.798		0.838	
我们重视发展与顾客之间的关系	0.793	Alpha = 0.836 CR = 0.882 AVE = 0.555	0.849	Alpha = 0.885 CR = 0.913 AVE = 0.638
与供应商之间良好的个人关系对公司有重要作用	0.707		0.737	
我们采取实际行动与供应商经理层建立良好的关系	0.718		0.804	
我们了解我们供应商的优点与不足	0.718		0.756	
政治关系				
我们确保与有影响力的政府官员建立良好的关系	0.915	Alpha = 0.890 CR = 0.932 AVE = 0.820	0.905	Alpha = 0.894 CR = 0.934 AVE = 0.825
我们采取实际行动与政府官员建立良好的关系	0.926		0.933	
改善与政府官员的关系对我们很重要	0.875		0.886	
机会捕获				
重视对机会反应的速度与灵活性	0.751	Alpha = 0.670 CR = 0.821 AVE = 0.605	0.814	Alpha = 0.776 CR = 0.871 AVE = 0.693
重点追求具有良好前景的业务	0.833		0.868	
在有潜力且可利用现有资源和能力的新市场找机会	0.747		0.815	
资源储备				
人员储备	0.831	Alpha = 0.845 CR = 0.921 AVE = 0.795	0.852	Alpha = 0.859 CR = 0.826 AVE = 0.807
资金储备	0.862		0.855	
设备储备	0.976		0.982	

续表

变量及其度量指标	市场化程度较低的地区 样本量：264		市场化程度较高的地区 样本量：244	
	因子载荷	信度系数	因子载荷	信度系数
组织结构				
组织结构_1	0.674		0.689	
组织结构_2	0.785	Alpha = 0.812	0.779	Alpha = 0.839
组织结构_3	0.791	CR = 0.869	0.841	CR = 0.887
组织结构_4	0.781	AVE = 0.572	0.796	AVE = 0.611
组织结构_5	0.745		0.795	
竞争激烈程度				
我们有许多竞争者	0.788		0.729	
在本行业内，客户常常更换供应商	0.743		0.779	
其他公司常常试图抢占我们的客户	0.798	Alpha = 0.861	0.812	Alpha = 0.880
本行业内的竞争很激烈	0.795	CR = 0.898	0.837	CR = 0.911
我们的客户很容易找到替代的供应商	0.774	AVE = 0.596	0.809	AVE = 0.629
行业内每个客户都从许多不同的供应商处购买产品	0.731		0.792	

表 5 - 1b　　　　　　　　**变量的载荷和信度指标**

变量及其度量指标	市场化程度较低的地区 样本量：264		市场化程度较高的地区 样本量：244	
	因子载荷	信度系数	因子载荷	信度系数
人员储备				
我们的员工技术水平很高	0.830		0.851	
业内普遍认为我们的员工是最好的	0.844		0.888	
我们的员工聪明且富有创造性	0.856	0.883	0.894	0.921
我们的员工是其所处的岗位和活动中的专家	0.844		0.876	
我们的员工经常提出新的想法、开发新的知识	0.755		0.852	

续表

变量及其度量指标	市场化程度较低的地区 样本量：264		市场化程度较高的地区 样本量：244	
	因子载荷	信度系数	因子载荷	信度系数
资金储备				
我们的未分配利润足够进行市场扩张	0.883	0.799	0.871	0.842
我们有足够的财务储备来提供可自由支配的资金	0.922		0.919	
我们容易获取贷款	0.735		0.831	
设备储备				
我们使用领先的设备和设施	0.904	0.883	0.934	0.921
我们的设备和设施能够支持高效率和高效益的运营	0.929		0.923	
我们的设备和设施保持在一流水准	0.923		0.953	
借助于设备的先进性，我们通常能够超越客户的期望	0.853		0.874	

提供能够足够反映所测量实体的本质。从数字上并不能对内容效度进行评价，需要用另外一种较为主观的方法来进行鉴别。我们主要采取了下列方式：首先，在调研问卷封面上提供填写问卷的指导，明确说明调研的目的并对每部分问题进行了详尽的说明，并承诺向他们提供分析结果和发现的问题。其次，在开展大范围的问卷调研之前，课题组对相关领域内的教授和相关企业的中高层管理人员组织了一次访谈，主要向他们咨询目前问卷中涉及的测量指标是否能被企业受访人员正确的理解并作出准确的回答。这些专家会结合本书的具体研究问题，来详细地阅读完整的调研问卷，看问卷的表述，以及为不同变量的各个测量项是否能够清晰地反映其本来的意思同时也能被受访者理解，同时，这些专家还要评估问卷涉及的变量间是不是存在某些相关性。最后，结束与这些访谈后，课题组会整理专家提出的相关建议和意见，并基于这些建议来修改调研问

卷，以确保问卷的可读性以及变量的内容效度是可靠的。

三 变量结构效度检验

结构效度反映的是一个指标能够在多大程度上刻画所度量的结构变量而不是其他结构变量。在结构效度分析中，在进行结构效度检验的时候，需要同时检验聚敛效度和区别效度。所谓聚敛效度，是说一个指标是否能显著地依附于所度量的因子变量，而区别效度是要确保该指标并没有度量其他的因子变量。

（一）聚敛效度指同一个因子所包含的各个题项之间的相关性程度

当一群指标测量了同一个变量时，这个结果就可以说明这些指标的聚敛效度是有效的。检验聚敛效度时主要有如下两个步骤：第一，检验一个指标在所测量因子变量上的路径（Loading）值或称因子负载（Factor Loading）在给定的可靠度下的显著程度。当因子负载显著时，这个值越高，就说明题项能够越好地测量所属因子，有利于因子的成立。通常看来，在一般的实证研究中，当因子负载大于 0.7 时，可以说这个测量项是合适的。第二，计算平均方差萃取值（AVE），即每个因子的变量对因子的总的解释程度。当 AVE 值大于或等于 0.50 时就认为该变量的度量指标具有聚敛效度。表 5 - 2 中反映的是本书所用变量度量指标在其测量对象上的因子负载，绝大多数都达到了 0.7 的标准，表明在这些指标和结构变量之间存在统计上的显著性，也就是反映了单个指标的可靠性。此外，表 5 - 2 表明，除了影响政府能力以外，本书提出的变量的 AVE 值都在 0.50 以上，而影响政府能力作为新开发的变量，其 AVE 值略小于 0.50 也是可以接受的。根据以上统计分析的结果，本书设计的这些变量度量指标都满足聚敛效度。

（二）区别效度指的是因子中每一个独立题项的唯一性和独特性，以及该题项与其他题项之间不相关的程度

通常用两种方法检验不同变量之间的区别效度。第一种方法是通过比较不同结构变量之间的相关系数是否小于对应结构变量的 AVE 值的平方根来判断。如果某一变量 AVE 值的平方根比这个变

量与其他所有变量的相关系数都大，则该变量与其他变量之间具有区别效度。表 5 – 1 列出了本书所有变量之间的相关系数和 AVE 值的平方根。从表 5 – 1 可以看出，对角线上的粗体数值比其所在行和列的所有相关系数值都大，说明所有变量间都具有良好的区别效度。第二种方法是通过验证性因子分析将非限制模型与将变量之间的相关系数设定为 1 的限制模型进行比较。如果非限制模型与限制模型间的卡方值存在显著差异，就可以认为非限制模型与限制模型间具有统计上显著的区别效度。

四 多重共线性检验

多重共线性是指自变量间存在严重的相关关系而影响回归方程的效果，最常用的诊断方法是使用方差膨胀因子（VIF）。自变量 X_j 的方差膨胀因子记为 $(VIF)_j$，它的计算方法为 $(VIF)_j = (I - R_j)^{2-1}$。式中，$R_j^2$ 是以 X_j 为因变量时对其他自变量回归的复测定系数。所有 X_j 变量中最大的（VIF）通常被用来作为测量多重共线性的指标。一般认为，如果最大的 $(VIF)_j$ 超过 10，一般都表示多重共线性会对最小二乘的估计值产生影响。通过对后面将要进行的变量之间回归模型中的 VIF 计算发现，模型中所有自变量的方差膨胀因子都小于 2，因此本书的实证研究中可以忽略自变量造成的多重共线性问题。

第二节 描述性统计

描述性统计主要给出模型中各变量的均值、标准差和相关系数；相关系数的主要功能在于考察研究当中涉及的任意两个变量是不是"过于相同"，当两个变量间的相关系数大于 0.7 时，一般认为这两个变量过于相似而应合并为一个使用。由于相关系数往往反映了两个变量间通过多种途径的综合作用，因此相关系数的正负和显著性只能作为最后分析结果的一个参考，而没有过多强制意义。表 5 – 2a 和表 5 – 2b 分别给出了中国中西北部地区样本和东南沿海

表 5 - 2a

变量的统计性描述与相关系数

变量	均值	标准差	1	2	3	4	5	6	7	8	9	10	11
1. 所处行业	5.328	3.210	1.000										
2. 企业规模	2.633	1.541	-0.242	1.000									
3. 企业年龄	16.057	15.947	-0.173	0.604	1.000								
4. 顾客偏好预测难度	3.428	0.729	0.033	-0.041	-0.018	1.000							
5. 产品服务利润高	2.845	0.861	0.202	-0.088	-0.044	0.105	1.000						
6. 竞争激烈程度	3.588	0.805	0.024	0.039	0.092	-0.009	-0.176	*0.772*					
7. 商业关系	5.328	3.210	0.026	-0.133	-0.034	0.310	0.057	0.188	*0.745*				
8. 政治关系	4.021	0.431	0.122	0.160	0.121	0.067	0.181	0.094	0.164	*0.906*			
9. 组织结构	3.742	0.687	0.114	-0.379	-0.223	0.029	0.015	0.010	0.096	-0.036	*0.756*		
10. 资源储备	3.159	0.596	0.061	0.097	-0.026	0.266	0.330	0.001	0.365	0.275	-0.025	*0.892*	
11. 机会捕获	3.886	0.550	0.210	-0.092	-0.114	0.268	0.199	0.082	0.449	0.094	0.023	0.439	*0.778*

注：①N=264（在中国市场化程度较低的地区）。②＊表示显著为5%；＊＊表示显著度为1%。③黑斜体部分为变量 AVE 值的平方根。

表 5—2b

变量的统计性描述与相关系数

变量	均值	标准差	1	2	3	4	5	6	7	8	9	10	11
1. 所处行业	5.471	3.444	1.000										
2. 企业规模	2.631	1.336	-0.192	1.000									
3. 企业年龄	12.151	11.502	-0.086	0.442	1.000								
4. 顾客偏好预测难度	3.379	0.712	-0.009	0.057	0.049	1.000							
5. 产品服务利润高	2.961	0.904	0.097	-0.057	-0.092	0.151	1.000						
6. 竞争激烈程度	3.417	0.799	0.127	0.059	-0.010	0.103	-0.187	0.794					
7. 商业关系	4.001	0.492	-0.172	-0.071	0.020	0.203	0.013	0.151	0.799				
8. 政治关系	3.723	0.727	0.077	0.136	0.087	0.238	0.119	0.005	0.226	0.908			
9. 组织结构	4.943	1.618	0.049	-0.159	-0.155	0.222	0.155	0.064	-0.040	-0.020	0.782		
10. 资源储备	3.304	0.616	-0.109	0.251	0.046	0.261	0.302	0.045	0.275	0.283	0.034	0.898	
11. 机会捕获	3.814	0.578	-0.091	0.062	-0.026	0.221	0.175	0.112	0.441	0.236	0.035	0.482	0.833

注：①N＝244（在中国市场化程度较高的地区）。②＊表示显著度为5%；＊＊表示显著度为1%。③黑斜体部分为变量 AVE 值的平方根。

地区样本的变量均值、标准差和相关系数。结果显示，指标设计的区分度还是比较好的。由均值和标准差反映的数据分布情况较好地符合了正态分布的特点，这为下一步的数据分析奠定了良好的基础。

第三节　回归分析结果与假设检验

为了更加准确地验证本书提出的各项假设，我们使用 SPSS 统计软件根据最优尺度回归方法对各项假设进行检验。在回归分析中，我们按照分层回归分析（Hierarchical Regression Analysis）的方法，第一步只引入控制变量，第二步引入主变量，第三步引入调节变量以及主变量和调节变量的交互项。在引入交互项时，我们对相关变量进行了均值中心化处理，以最小化回归方程中可能出现的多重共线性问题。根据 SPSS 分析的结果，所有模型中各个自变量的方差膨胀因子都小于 2，因此本书的回归方程不存在多重共线问题。表 5 - 3 显示了我们的回归分析结果。

一　管理者关系与机会捕获的研究结果

对管理者的商业关系对机会捕获的影响，本书的回归分析结果表明，在中国市场化程度较低的地区，管理者的商业关系和机会捕获之间存在明显的正相关关系（模型 2，$\beta = 0.376$，$p < 0.001$），也就是本书的假设 1a：在中国中西北部地区，商业关系正向影响机会捕获得到了回归结果的支持。

在回归结果中还发现在中国市场化程度较高地区，管理者的商业关系和机会捕获之间也存在明显的正相关关系（模型 7，$\beta = 0.365$，$p < 0.001$），也就是说本书的假设 1b：在中国东南沿海地区，商业关系正向影响机会捕获得到了回归分析结果的支持。

图 5 - 1 展示了商业关系对于企业家机会捕获的影响，可以看到，无论对于地处市场化程度较低地区的企业，还是地处市场化程度较高地区的企业，良好的商业关系都是有利于企业家捕获机会的。

表 5 - 3　回归分析与假设检验结果

变量	机会捕获									
	市场化程度较低的地区（样本量：264）					市场化程度较高的地区（样本量：244）				
	模型 1	模型 2	模型 3	模型 4	模型 5	模型 6	模型 7	模型 8	模型 9	模型 10
控制变量										
企业年龄	-0.094	-0.157**	-0.169***	-0.062	-0.132*	-0.074	-0.123***	-0.077	-0.034	-0.114**
企业规模	-0.043	0.106+	0.110+	-0.064	0.053	0.030	0.108*	0.053	-0.015	0.181***
所处行业	0.173***	0.152***	0.150***	0.165***	0.180***	-0.222***	-0.106*	-0.146***	0.160**	0.163**
竞争激烈程度	0.166***	0.153***	0.147***	0.133***	0.164***	0.069	0.044	0.031	-0.090*	-0.084+
顾客需求预测难度	0.279***	0.171***	0.175***	0.122***	0.127***	0.393***	0.214***	0.340***	0.106*	0.095*
产品服务利润率	0.251***	0.236***	0.237***	0.104***	0.121***	0.114*	0.130**	0.062	0.022	0.022
主变量										
商业关系		0.376***	0.370***	0.291***	0.293***		0.365***	0.352***	0.359***	0.380***
政治关系		0.001***	0.126**	-0.051	-0.066		0.126*	0.133**	0.057	0.068
政治关系²						-0.126**	-0.126**	-0.023	-0.144**	-0.102+
调节变量										
组织结构			-0.046		-0.074			0.259***		0.126**

续表

变　量	机会捕获									
	市场化程度较低的地区（样本量：264）					市场化程度较高的地区（样本量：244）				
	模型 1	模型 2	模型 3	模型 4	模型 5	模型 6	模型 7	模型 8	模型 9	模型 10
资源储备				0.330***	0.308***				0.540***	0.512***
交互项										
商业关系 × 组织结构			-0.087+		-0.095*			0.155***		0.108*
政治关系 × 组织结构			-0.044		-0.027			-0.049		0.107*
政治关系² × 组织结构								-0.245***		-0.197***
商业关系 × 资源储备				0.119**	0.121**				0.078	0.067
政治关系 × 资源储备				0.060	0.042				-0.253***	-0.278***
政治关系² × 资源储备									-0.254***	-0.328***
检验结果										
R 方	0.224	0.362	0.369	0.421	0.434	0.236	0.341	0.406	0.468	0.513
调整后的 R 方	0.162	0.285	0.272	0.326	0.328	0.178	0.259	0.316	0.385	0.400
F 值	3.637***	4.665***	3.808***	4.423***	4.089***	4.100***	4.147***	4.510***	5.603***	4.515***

注：+，*表示显著性水平；+ 在 0.1 水平下显著；* 在 0.05 水平下显著；** 在 0.01 水平下显著；*** 在 0.001 水平下显著。

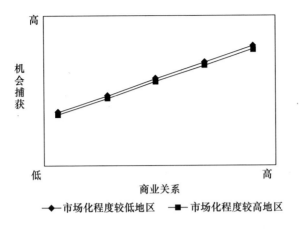

高

机会捕获

低　　　　　　　　　　　　　　高
商业关系
◆—市场化程度较低地区　■—市场化程度较高地区

图 5 - 1　管理者的商业关系与机会捕获

对管理者的政治关系对机会捕获的影响，本书的回归分析结果表明，在中国市场化程度较低地区，管理者的政治关系和机会捕获之间存在明显的正相关关系（模型 2，$\beta = 0.001$，$p < 0.001$），也就是本书的假设 2a：在中国市场化程度较低地区，政治关系正向影响机会捕获得到了回归结果的支持。

回归结果中显示，在中国市场化程度较高地区，政治关系和机会捕获之间存在明显的倒"U"形关系（模型 7，政治关系平方项的 $\beta = -0.126$，$p < 0.01$，政治关系的一次项的 $\beta = 0.126$，$p < 0.05$），也就是说本书的假设 2b：在中国市场化程度较高地区，政治关系对机会捕获有倒"U"形影响得到了回归分析结果的支持。

图 5 - 2 展示了政治关系对于企业家机会捕获的影响。可以看到，地处市场化程度较低地区企业的政治关系对企业家机会捕获有线性的正向作用，而地处市场化程度较高地区企业的政治关系对企业家的机会捕获有明显的倒"U"形影响。

二　企业组织结构的调节作用

组织结构对于管理者的商业关系和机会捕获的调节作用。从本书的回归分析结果中可以看到，在中国市场化程度较低地区，管理者的商业关系和组织结构的交互项系数为 -0.095（模型 5，$\beta = -0.095$，

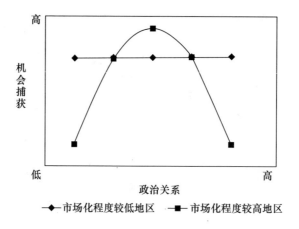

图 5 - 2　管理者的政治关系与机会捕获

$p < 0.05$），也就是本书的假设 3a：在中国市场化程度较低地区，机械化的组织结构更有利于商业关系对机会捕获产生正向影响得到了回归结果的支持。

图 5 - 3 显示了组织结构在市场化程度较低地区的企业中对商业关系和机会捕获关系的调节作用：当组织结构更为机械化时，商业关系对机会捕获的关系较强；当组织结构更偏向于有机化时，商业关系对机会捕获的关系较弱，这与本书的实证结果一致。

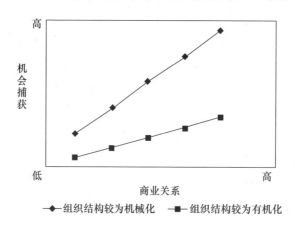

图 5 - 3　市场化程度较低地区企业中组织结构对商业关系的调节作用

　　同时，还发现在市场化程度较高地区，商业关系和组织结构的交互项系数为 0.108（模型 10，$\beta = -0.108$，$p < 0.05$），也就是说在中国市场化程度较高地区，有机的组织结构更有利于商业关系对机会捕获产生正向影响，本书的假设 3b 得到了回归分析结果的支持。

　　图 5-4 展示了市场化程度较高地区企业的组织结构对商业关系作用的调节效应，从图中可以看到，随着组织结构变得更为有机化，商业关系对机会捕获的促进作用会升高，反映两者关系的直线斜率提高了。因此，机械化的组织结构会促进市场化程度较高地区企业商业关系对于机会捕获的促进作用。

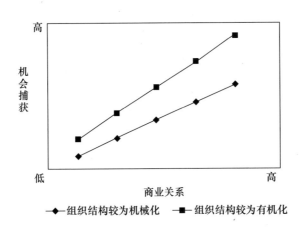

图 5-4　市场化程度较高地区企业中组织结构对商业关系的调节作用

　　组织结构对于管理者的政治关系和机会捕获的调节作用。本书的回归分析结果表明，在中国市场化程度较低地区，管理者的政治关系和组织结构的交互项系数为 -0.027（模型 5，$\beta = -0.027$，$p > 0.1$），也就是本书的假设 4a：在中国市场化程度较低地区，机械的组织结构更有利于政治关系对机会捕获产生正向影响得到了回归结果的支持。

　　同时，还发现，在中国市场化程度较高地区，政治关系的平方项和组织结构的交互项系数为 −0.197（模型 10，$\beta = -0.197$，$p < 0.001$），也就是说本书的假设 4b：在中国市场化程度较高地区，有机的组织结构会加强政治关系对机会捕获产生的倒"U"形影响得到了回归分析结果的支持。

图 5−5 反映了市场化程度较高地区企业的组织结构对于政治关系的调节作用。从图中可以看到，较为有机化的组织结构使政治关系对机会捕获的倒"U"形作用更明显了，即从较低的政治关系到适度的政治关系时，政治关系对机会捕获的正作用更明显，同时当政府关系过强时，更为有机化的组织使政治关系对机会捕获的负面作用更加明显了。

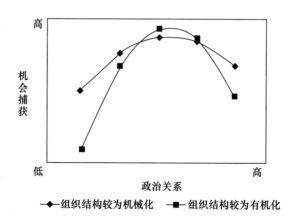

图 5−5　市场化程度较高地区企业的组织结构对于政治关系的调节作用

三　企业资源储备的调节作用

资源储备对于管理者的商业关系和机会捕获的调节作用。从本书的回归分析结果中可以看到，在中国市场化程度较低地区，管理者的商业关系和资源储备的交互项系数为 0.121（模型 5，$\beta = 0.121$，$p < 0.01$），也就是本书的假设 5a：在中国市场化程度较低地区，资源储备越好，越能促进商业关系对机会捕获产生正向影响得到了回归结果的支持。

图5-6展示了市场化程度较低地区企业的资源储备对商业关系作用的调节效应，从图中可以看到，随着资源储备的升高，商业关系对机会捕获的促进作用会升高，反映两者关系的直线斜率提高了。因此，更丰富的资源储备会促进市场化程度较低地区企业的商业关系对于机会捕获的正向促进作用。

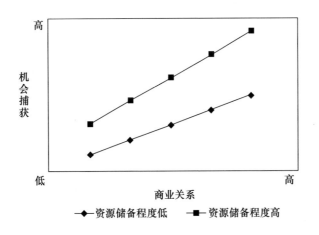

图5-6 市场化程度较低地区企业的资源储备对商业关系的调节作用

同时，从实证结果中还能发现，在市场化程度较高地区，商业关系和资源储备的交互项系数为0.067（模型10，$\beta = 0.067$，$p > 0.1$），由于这个系数并不显著，因此不具备统计学意义，所以本书的假设5b：在中国市场化程度较高地区，资源储备越好，越能促进商业关系对机会捕获产生的正向影响得到回归分析结果的部分支持。

资源储备对于管理者的政治关系和机会捕获的调节作用。本书的回归分析结果表明，在中国市场化程度较低地区，管理者的政治关系和资源储备的交互项系数为0.042（模型5，$\beta = 0.042$，$p > 0.1$），也就是本书的假设6a：在中国市场化程度较低地区，资源储备越好，越能促进政治关系对机会捕获产生正向影响得到了回归结果的部分支持。

同时，还发现，在中国市场化程度较高地区，政治关系的平方项和资源储备的交互项系数为 -0.328（模型10, $\beta = -0.328$, $p < 0.001$），也就是说本书的假设6b：在中国市场化程度较高地区，资源储备越好，越能加强政治关系对机会捕获产生的倒"U"形影响得到了回归分析结果的支持。

图5-7反映了市场化程度较高地区企业的资源储备对于政治关系的调节作用。从图中可以看到，更好的资源储备使政治关系对机会捕获的倒"U"形作用更明显了，即从较低的政治关系到适度的政治关系时，更好的资源储备使政治关系对机会捕获的正作用更明显，同时当政府关系过强时，更好的资源储备使政治关系对机会捕获的负面作用更加明显了。

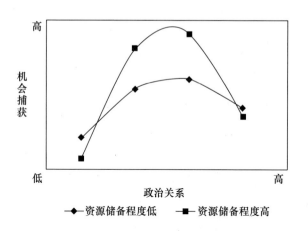

图5-7 市场化程度较高地区企业的资源储备对于政治关系的调节作用

四 小结

本章报告了实证分析的结果，包括测量的描述性分析、信度和效度分析以及假设验证结果。分析的结果表明，本书的测量指标能够有效反映所测量的概念。同时，假设验证的结果支持了本书提出的大多数假设，具体的假设验证的结果汇总如表5-4所示。

表 5 - 4　　　　　　　　　　　本书的假设检验结果

编号	假设内容	分析结果
假设 1a	在中国市场化程度较低地区，商业关系正向影响机会捕获	得到支持
假设 1b	在中国市场化程度较高地区，商业关系正向影响机会捕获	得到支持
假设 2a	在中国市场化程度较低地区，政治关系正向影响机会捕获	得到支持
假设 2b	在中国市场化程度较高地区，政治关系对机会捕获有倒"U"形影响	得到支持
假设 3a	在中国市场化程度较低地区，机械的组织结构更有利于商业关系对机会捕获产生正向影响	得到支持
假设 3b	在中国市场化程度较高地区，有机的组织结构更有利于商业关系对机会捕获产生正向影响	得到支持
假设 4a	在中国市场化程度较低地区，机械的组织结构更有利于政治关系对机会捕获产生正向影响	得到支持
假设 4b	在中国市场化程度较高地区，有机的组织结构会加强政治关系对机会捕获产生的倒"U"形影响	得到支持
假设 5a	在中国市场化程度较低地区，资源储备越好，越能促进商业关系对机会捕获产生的正向影响	得到支持
假设 5b	在中国市场化程度较高地区，资源储备越好，越能促进商业关系对机会捕获产生的正向影响	得到部分支持
假设 6a	在中国市场化程度较低地区，资源储备越好，越能促进政治关系对机会捕获产生正向影响	得到部分支持
假设 6b	在中国市场化程度较高地区，资源储备越好，越能加强政治关系对机会捕获产生的倒"U"形影响	得到支持

第六章　讨论

　　本书通过把中国企业面临的不同制度环境和管理者的商业关系、政治关系、机会捕获、资源基础整合到一个研究框架下，分析了管理者的不同关系对于机会捕获的影响，并比较了这种关系在不同制度环境下的异同，同时也考察了企业资源储备和组织结构对这个关系的调节作用。经过样本收集、数据分析和模型验证，回归分析结果表明本书提出的六组共 12 个假设中的 10 个假设都得到了充分的支持，另外两个假设也得到了部分支持，从整体上验证了本书提出的理论模型。研究结果表明管理者的商业关系、政治关系、机会捕获和资源基础的结构关系是成立的。本研究不仅对管理理论的发展做出了贡献，而且对于管理实践也具有一定的指导意义。下面我们首先对各假设所说明的问题进行讨论，然后提出本研究的理论贡献，最后说明其实践指导意义。

第一节　假设验证结果的讨论

一　不同制度环境下管理者关系对机会捕获的影响

　　本书的实证检验结果发现：无论是在市场化程度较低的地区还是在市场化程度较高的地区，管理者的商业关系对于企业机会捕获都有显著的正向影响，同时，对于市场经济环境更为成熟的东南沿海地区，商业关系对于机会捕获的促进作用更为明显。通过商业关系，企业可以及时有效地从市场中捕捉信息、获取资源、捕获机会，第一时间了解客户需求变化、行业发展趋势和技术动态，这样使企业更容易针对转型环境下的市场竞争做出战略反应。进一步讲，与顾客、同行等商业伙伴建立联系，能够获取相关的技术、信息和知识，是更加有效地将获取并建立自己丰富的资源基础，有利于更好地开发机会。在转型经济环境下，管理者的商业关系并不受到企业所处地理位置的影响，对任何企业来说都是必不可少的重要获取外部资源的渠道和方式。这也进一步说明，随着中国市场经济的快速转型和发展，企业更多地认可商业关系的重要性，也更倾向于去主动适应转型市场环境，开展更多市场化的战略活动。转型经济只是过渡时期，最终要实现完全的市场经济模式，在未来的市场经济更加明显的商业环境中，商业关系可能显得更加尤为重要。因而，这一观点再次验证和支持了彭维刚和陆亚东的研究结论和理论观点。

此外，本书还发现了在政治关系对机会捕获的影响方面，地处市场化程度较低地区的企业和市场化程度较高地区的企业表现出明显的不同。处于市场化程度较低地区的企业表现出正的关系，市场化程度较高地区的企业则表现出倒"U"形的关系。这些假设关系说明，在转型经济环境下，政治关系对机会捕获的影响与企业所处的地理位置和面临的不同的制度环境息息相关。面对不同制度环境的企业对政治关系的需求和利用是明显存在差异的。具体地讲，假设结果告诉我们，首先，地处市场化程度较低、市场经济环境较不成熟的企业需要建立和保持更加紧密的政治关系才能更好地促进其对于有利可图的市场机会的捕获。由于在市场化程度较低等内陆地区，政府有相当大的权力可以影响到市场运作甚至企业经营，而且有相当一部分企业是老的国有企业，其所有权本身就在于国家或当地政府，政府对其的控制和监管是比较严格的。同时，地处市场化程度较低的企业其资源本身相对缺乏，它们的生存和发展很大程度上依赖于政府资源的投入和政策的支持。通过与政府建立紧密联系，市场化程度较低地区的企业可以克服自身的资源束缚，更好地解读和利用政府颁布的各种政策法律法规，从而推动企业更高效地进行机会捕获。这一观点进一步验证与政府官员的关系为企业提供了更好的资源分配和支持。

与之前学者得到的研究结果不同，本书发现了地处我国市场化程度较高地区的企业的政治关系与机会捕获存在倒"U"形的关系，而不是直接的正向关系。对于在中国的外国企业来说，其管理者关系对企业绩效具有倒"U"形的影响作用。但是与他们研究不同的是，本书区分了商业关系与政治关系的不同，同时针对面对不同制度环境的企业来进一步区分了两种不同管理者关系对于机会捕获的影响，仅仅只有地处市场化程度较高地区的企业的政治关系会对机会捕获具有倒"U"形影响，而商业关系始终对企业的机会捕获有积极和正面的促进作用。这一实证结果告诉我们，地处市场化程度较高地区的企业需要一定的政治关系来帮助企业熟悉当地市场环境，获取适应当地市场竞争的资源和政策，并获取一定程度上的政治正统性，因此，适度水平的政治关系对处于东南沿海等经济发达地区的企业利益具有正向作用。但是，由于市场化程度较高，地处市场化程度较高地区的企业不能过度依赖于中国转型环境下的政治关系，否则会减少其柔性，形成能力刚性，将企业"锁定"在一定的商业范式和创新模式上，导致其不能更好地去发现和捕获机会，因此过于紧密的政治关系对其机会捕获反而可能产生不良影响。

二　企业组织结构的调节作用

假设3分析了在中国市场化程度较低地区的企业和市场化程度较高地区的企业中，组织结构对于商业关系的调节作用。本书的实证研究结果证明了之前诸多学者提出的理论观点——组织结构会影响企业家精神的发挥有所影响，而机会捕获正是企业家精神的一个重要方面。本书的研究结论回答了组织结构如何与企业面临的制度环境相结合来影响管理者关系对于机会捕获的作用。具体来说，在中国市场化程度较低地区，机械化的组织结构更加有利于商业关系对于机会捕获促进作用的发挥。机械化的组织结构有清晰的角色定位，职权分明，对计划、定位和控制行为有足够的支持，也可为企业提供秩序和一致性。地处市场化程度较低地区的企业面对的是市场化进程不够深入，且市场整体情况相对保守的环境，机械化的组织结构非常适应追求完成既定路径和可预测的需求的保守的企业家们。同时，这些地方的企业家从其商业伙伴中获取的用来捕获机会的资源和信息往往具有一定同质性且可能产生冗余，机械化的组织结构可以很好地支持有固定轨迹的计划并控制行为，能够帮助处于中西部地区的企业更大程度地挖掘和利用商业关系所带来的资源和信息，因此可以更好地促进商业关系对于机会捕获的正向促进作用。

本书研究还发现，地处市场化程度较高地区的企业情况刚好与此相反，从本书的研究结果中可以看到，有机的组织结构会更有利于其商业关系对机会捕获正作用的发挥。我国市场化程度较高地区有更为激烈的竞争和更加瞬息万变的市场环境和客户需求，地处这些地区的企业通过建立商业关系从供应商处获得生产原料来源，掌握顾客的偏好信息，以此来捕获转瞬即逝的机会。而有机的组织结构由于具有企业内行政关系柔性和非正式性的特点，同时可以根据具体情况来进行授权，因此可以使企业对于从其商业关系中获取的信息和资源产生更为快速的响应，从而促进商业关系对于机会捕获的正向作用。由于有机的组织结构具有相当的柔性且能够让企业家意识到并支持其资源交流和整合的内部平台，能够使从商业关系中获取的对于机会捕获有利的信息以快速的跨部门的方式渗透到企业的各个地方。本书的实证结果发现，有机的组织结构能更好地促进商业关系中获取的具有时效性的资源和信息的充分开发和使用，从而更好地为机会捕获服务，这都归功于有机的组织结构恰好能做到高程度的水平整合以促进知识转移，同时去中心化的决策使运营问题能够快速有效地得以解决。因此，地处市场化程度较高地区的企业应主动构建并利用其有机的组织结构来更好地发挥商业关心的作用来进行机会捕获。

假设4分析了在中国市场化程度较低地区的企业和市场化程度较高地区的企业中，组织结构对于政治关系的调节作用。本书的实证研究结果发现，对于假设4a，在中国市场化程度较低地区，机械的组织结构更有利于政治关系对于机会捕获产生正向影响，这一结果并不显著，也就是说，虽然从回归方程的方向上来看，机械的组织结构可能更好，但是这种效果却不够明显，即没有某种特定的组织结构在中西北部地区是能够完全配合政治关系发挥作用的，企业需要理性认识政治关系的价值，合理安排本身的组织结构，以让其更好地发挥对机会捕获的作用。另外，本书的研究结果发现，在市场化程度较高地区，有机的组织结构会显著加强政治关系对机会捕获的倒"U"形影响。

由于有机的组织结构内在的规范性较低，更具柔性，且风险承担性更强，当市场化程度较高地区企业的政治关系处于较低至适中水平时，有机的组织结构能促进企业从其政治关系中收集更多的情报，同时会对来自政治关系的这些情报和资源有最快速的反应，并能够充分利用这些从政治关系中获取的信息和资源从而提高机会捕获的效率。而市场化程度较高地区的政府非常鼓励企业进行突破性的自主创新，有机的组织结构更能够促进企业进行突变性的产品创新，因此，当政治关系处于一种适中水平的时候，有机的组织结构由于更加符合当地政府的需求，与政治关系达到一种互相匹配的效果，从而潜在地提高了政治关系对于机会捕获的正向作用。但是，企业的政治关系过于紧密时，市场化程度较高地区的官员更加注重的是自己的政治生涯，而不是去迎合企业的利益，由于没有一种有效的机制来保证政治关系的长期性，企业不得不将自己的利益与官员的利益在某种程度上保持一致来维持这个已经投入很多资源的关系，与企业过度紧密的政治关系会导致政府官员的寻租行为来最大化其短期利益，如迫使企业完成一些具有高社会性但低经济回报的工程项目等，这时，通过政治关系获取的资源和信息已经不适宜在整个组织中流通，也不利于企业进行有利可图的机会捕获。因此，正如本书结果显示的，有机的组织结构因为其扁平化的组织结构和跨部门的合作以及模糊的任务说明不再适合这种过度紧密的政治关系。

三　企业资源储备的调节作用

假设 5 分析了在中国市场化程度较低地区的企业和市场化程度较高地区的企业中，资源储备对于商业关系的调节作用。本书的实证结果显示，资源储备越好，越有利于商业关系对机会捕获的正作用的发挥，但这一关系只在市场化程度较低地区是显著的，在市场化程度较高地区却并不显著。企业的资源储备及其资源配置的情况会影响企业家管理不确定性以及与外部实体之间的联系，即拥有更多资源的企业对于如何利用其外部资源如商业关系会有更多更好的选择，本书的实证结果证实了这一观点，并进一步指出，资源储备越好的企业，相对于资源储备较薄弱的企业来说，能够有更多地接近各类外部资源的机会，企业家们能够更好地准备迎接机会的到来，所以其利用商业关系进行机会捕获的结果也会越好。具体来说，资源储备好的企业，会给其合作伙伴及利益相关者一种信号，即与这类资源储备好的企业建立关系可以获得更多利益并最大化这个关系的价值。与资源储备较差的企业比较看来，资源储备好的企业的企业家能够更容易地从商业关系中获取机会捕获所必需的资源和重要的信息，因此其利用商业关系来进行机会捕获的成功效率也会越高。同时，拥有更好的资源储备的企业在与其建立商业关系的实体中往往也占据主导的地位，在这一商业关系中更有话语权，有时甚至能够影响合作关系中规则的制定和行程，资源流通和分配的具体形式，因此可以通过商业关系获得更多更好的市场信息，由此可以更好地利用商业关系来捕获机会。对于地处市场化程度较高地区的企业来说，由于制度更加完善，市场化程度更为深入，各种市场信息相对中西北部地区来说更透明，市场中的竞争机制也相对完善，当企业自身的资源储备已经很好时，对其商业关系的促进作用就显得并不明显了。

假设 6 分析了在中国市场化程度较低地区的企业和市场化程度较高地区的企业中，资源储备对于政治关系的调节作用。本书的数据结果充分地证实了这两个假设，即在我国市场化程度较低地区，资源储备越好，越能促进政治关系对机会捕获的正向作用，而在我国市场化程度较高地区，越好的资源储备越能加强政治关系对于机会捕获的倒"U"形作用。因为地处中西北部地区的企业竞争力普遍较弱，其中资源储备好的企业，如资金充足、设备先进、人员富余的企业，主要都是国有企业。这些地区的省市级政府部门对企业控制权更大，地方政府往往通过行政手段来对当地企业进行干预，例如对于各类项目审批、申请的严格控制、稀缺资源分配等。同时由于资源储备好的企业会为地方政府带来更快更多的财政收入，使当地政府及官员有可能依靠这些企业来获得更为显著的政绩。为了使当地经济更为快速的发展，市场化程度较低地区的政府部门会给资源储备良好的企业提供大量的支持，当市场化体系不够完善时，企业家较难发现良好的商业机会，这种情况会促使他们使用其政治关系以获得在行业内及政府部门的正统性，从而获得可观的来自政治关系的帮助和扶持。因此，位于市场化程度较低地区且资源储备好的企业更能够通过其政治关系来获取一些稀缺的资源，从而可以捕获到更有利可图的商业机会。

地处市场化程度较高地区的企业由于所处市场开放程度更高，往往面临更为激烈的竞争。而市场化程度较高地区的政府也会更多地将目光投向拥有更好资源储备的企业，因为这类企业在竞争激烈的环境中可能更具优势，也有可能为当地政府带来更高的税收。因此，在市场化程度较高地区，资源储备好的企业能够促使地方政府对他们进行扶持和帮助，当市场化程度较高地区的企业拥有适度的政治关系时，资源储备越好，则企业家越能利用现有的政治关系来进行机会捕获。但是，正是因为市场化程度较高，且改革开放时间已经持续了几十年，越来越多的资源储备优良的企业已经适应了更为开放和市场化的全球性竞争环境，他们往往已经将市场拓展到了

海外，并且在很大程度上依赖于他们在国际市场中的竞争力。市场
化程度较高地区资源储备较好的企业相对来说会更加熟悉市场化的
信息和规则，也会拥有更大的关于市场资源的储备。同时，市场化
程度越高、市场竞争越激烈的地区越能提供更多更好的商业机会，
这样会导致地处市场化程度较高地区企业构建政治资源的机会成本
变高。为了维持过度亲密的政治联系，资源储备好的企业必须付出
更多的时间和精力，这样会削弱其投入在机会捕获的资源。资源储
备好的企业往往更有可能产生组织内部官僚僵化（Bureaucratic Iner-
tia）的问题，这样会使他们响应市场变化和捕获市场机会的能力下
降。资源储备越好，过强的政治关系越有可能导致这种僵化的产
生，由于资源储备好，这些企业有可能在利用其紧密的政治关系时
被局限在其中，从而影响其对于市场机会的捕获。因此，随着政治
关系超过适度的程度，变得越来越强的时候，由于建立这些紧密关
系带来的机会成本大大增加，过多的资源储备会导致对机会捕获不
良影响被放大。

第二节　本研究的理论贡献

本书从企业家精神中机会相关文献、制度理论、社会资本理论
和资源基础理论出发，把机会捕获、管理者的商业关系和政治关
系、企业的资源储备和组织结构以及企业所面临的制度环境整合到
一个研究框架中，揭示了在不同制度环境下管理者关系对机会捕获
的作用以及企业资源基础的调节作用这一理论现实。本书首先探讨
了不同类型的管理者关系在不同制度环境下对机会捕获的不同影
响；进一步分析了企业组织结构和资源储备对这一关系的调节作
用。本书的研究对机会捕获、管理者关系、企业资源储备和企业所
面临的制度环境之间的关系有了更深入的理解。本书的理论贡献主
要体现在以下四个方面：

一　对机会捕获研究的贡献

机会作为企业家精神研究的重要部分，得到了很多学者的关注，但现有对于影响机会识别、捕获、开发的因素中，研究者将绝大多数精力都放在了企业家个体层面上而没有将企业层面的因素纳入对机会的研究中来。虽然他们一直在关注企业家的个人关系网络对于机会识别和开发的影响，但却忽视了企业间关系的重要作用。另外，除与企业家相关的因素外，企业层面很多其他因素也可能对机会捕获产生重要影响。本书结合社会资本理论和企业家精神中机会等相关文献，为机会捕获找到了一个全新的前因变量——管理者关系，并重点强调了商业关系和政治关系对于机会捕获的不同影响。本书站在企业与外部企业构建的管理者关系形成的社会资本的角度，分析了企业机会捕获的影响因素，并证明企业应区别对待两种管理者关系来更好地利用他们进行机会捕获。通过实证检验，本书研究结果发现商业关系对于机会捕获总是有促进作用的，而政治关系则不同，在我国市场化程度较低地区，政治关系能够正向促进机会捕获，但在我国市场化程度较高地区，政治关系对机会捕获呈现出倒"U"形的影响。该研究结果将企业层面的因素——管理者关系，以及企业面临的制度环境因素与机会捕获结合起来，让我们能够从更宽泛的理论研究视角来看待机会捕获这个对企业生存和发展至关重要的问题，从而将之前对于机会捕获较为单一的关注个体层面的视角进行了扩展。

二　对制度理论的贡献

制度转型极大地推动了我国经济的发展、社会的进步和人民生活水平的提高，然而理论界对我国制度转型的分析更多地认为我国会向西方纯粹的市场经济过渡，认为政府对经济的影响作用会逐步下降，直到最后变成完全的市场经济。然而在我国实际的制度转型过程中，政府所发挥的作用虽然有所下降，市场的作用在逐步上升，但是政府对经济的影响并不会完全的消失。同时，由于我国国土面积巨大，区域间制度转型和市场化进程的不一致性，导致我国各地区的经济发展并没有保持在同一水平，于是不同区域的企业也面临或感受到不同的制度环境，而现有针对中国企业的研究中，往往忽视了我国中西北部等市场化程度较低的内陆地区企业和东南沿海地区等市场化程度较高地区企业在战略行为上的不同，缺乏在我国大环境下区域间不同的小制度环境中企业行为的对比研究。本书的研究弥补了这一不足，将"大国小制度环境"问题进行了深入研究和进一步的拓展，并用实证检验的方法论述了这一研究问题的可行性以及其丰富的研究价值。据此，本书进一步完善了制度理论的相关内容，为比较同一国家内不同制度环境下企业的机会捕获、关系构建等战略行为提供了新的研究思路。

三 对管理者关系研究的贡献

根据彭维刚和陆亚东对于管理者关系的研究，企业的管理者关系可以分为与供应商和顾客等建立的商业关系和与政府相关部门和官员建立的政治关系两种。现有文献中对商业关系和政治关系的比较研究很多，但没有针对不同类型的管理者关系对机会捕获的影响的对比研究。另外，即使现有研究建立了企业家的社会网络与机会捕获间的关系，但这种关系在面临不同情境因素时（如不同的制度环境和企业资源状况等）会如何变化，也缺乏深入的研究。本书将管理者关系作为一种重要的社会资本，以及获取外部资源的重要途径，区分了商业关系和政治关系这两种不同的关系在我国企业面临不同制度环境时对机会捕获的不同影响，从一个新的角度揭示了管理者关系和机会捕获之间的具体关系，对管理者关系的相关研究更进一步。

更重要的是，现有大多数研究将重点放在管理者关系作为一种重要的社会资本和非正式的制度，与正式制度之间是一种替代性的作用。少有研究检验了商业关系和政治关系在不同的制度环境下作用的变化。本书的研究指出，管理者关系作为一种重要的非正式制度因素，既可以与正式制度形成替代作用，也有相互补充的作用，而这种关系主要取决于企业所处的制度环境。具体来说，在我国市场化程度较低地区和市场化程度较高地区，商业关系对于机会捕获的促进作用都很明显，商业关系的作用并没有因为市场化进程的深入而降低。因此，本书研究修正了之前学者提出的越发达的市场基于管理者关系的战略越没有效果的研究结论，必须结合企业面临的制度环境来综合考虑，才能更好地考察管理者关系的真正作用。

四　对企业资源基础的研究贡献

资源是成功的机会捕获的基础，也是企业形成持续竞争力的基石。企业的资源储备和组织结构是企业资源基础的两大重要组成部分，现有研究中鲜有将这两部分同时整合到一个理论模型中的，而这两个因素无疑都会对机会捕获的过程产生重要影响。另外，在现有对机会识别和开发的文献中，往往只关注了资源本身如何起作用，而忽视了企业内部资源基础与外部资源获取方式的协同作用。管理者关系作为一种非正式制度，对目前不够完善的正式制度起到了补充作用，现有研究已经对此作出了较为深入的研究，但是，作为一种与外部实体构建关系从而获取资源的一种形式，在考虑其如何发挥作用时，企业自身的资源基础的影响往往被忽略了。本书同时考虑了企业资源储备和组织结构这两个资源基础的重要组成因素的调节作用。

五　对理论视角的整合

随着企业实践所遇到的问题复杂程度越来越高，从单一理论视角出发来解决企业问题已经变得越来越困难。本书围绕企业机会捕获的问题，将制度理论、社会资本理论和资源基础理论整合到一个理论框架下。通过比较不同制度环境下商业关系和政治关系对机会捕获的不同影响，我们为在不同制度环境下如何更好地进行机会捕获提供了新的研究思路，同时也扩展了管理者关系的研究视角，能够更好地解释当管理者关系与制度环境结合时如何更好地发挥其作用。另外，将企业内部资源基础引入这个研究框架中，使资源基础与企业所处制度环境构成了对管理者关系和机会捕获这一关系的多重情境，据此，本书研究利用对多理论视角的整合，使企业在不同制度环境下结合自身资源基础来更好地利用管理者关系进行机会捕获的问题有了更为深刻和清晰的理解。

总而言之，本书的研究是针对我国制度转型时期所呈现出的独特特征而展开的，强调了位于不同地理位置的企业所面临制度环境的不同导致的企业战略行为的差距，具体表现在两种类型的管理者关系对于企业机会捕获影响的异同，以及组织资源和结构的调节作用的差异等。本研究弥补了目前对企业机会捕获主要针对个体层面而没有将企业战略层面因素也纳入同一个研究框架中的不足，同时也丰富了中国特殊制度环境中企业资源储备和组织结构与管理者关系形成协同作用的相关研究。

第三节　本研究的实践意义

除明显的理论贡献，本研究对企业具体的管理实践也具有重要的启示。随着后金融危机时代的到来，企业对外部环境的剧烈变化越发关注，要确保企业在快速变化的商业环境中生存和发展，就必须及时快速高效地进行机会捕获，建立新的长期竞争优势。机会捕获问题已经在中国转型环境中成为企业重点关注和亟待解决的关键问题。但是，由于转型经济过程中，企业发展异常迅猛，对资源的消耗巨大，这使稀缺的资源难以支撑企业不断变化的战略活动。那么，企业就需要从外部环境中获取自身的资源，一个重要的渠道和方式是基于"关系"的战略，这也是中国强调"关系"文化背景下获取稀缺资源的重要途径。另外，资源的利用需要组织内部能力进行翻译和转化，才能更好地服务于企业的战略活动。而动态环境要求企业需要提升自身的学习能力，扫描环境，利用资源，提升战略变化效率。因此，本书的理论研究框架融合了企业的管理者关系、组织资源基础及机会捕获等问题，研究结果对指导企业进行有效的管理实践具有重要指导和启示作用。

在转型环境下，商业关系和政治关系是企业获取外部资源的重要途径。商业关系的研究结论表明了，中国所有地区企业的商业关系都可以有效地帮助企业获取嵌入在市场环境中的资源，帮助企业更高效地进行机会捕获。在计划经济向市场经济转型的阶段，中国经济的市场化程度在不断深化和加强，企业的竞争更加自由化、市场化，这要求企业必须关注外部商业关系，寻找合作伙伴，降低经营风险，提升长期效益。随着市场经济改革步伐的加快，未来的市场化运作更加明显，政府干预会逐步减少，那时的商业关系显得更加重要。因而，企业在转型环境下要建立良好的商业关系，确保在不断深化的市场化改革中保持资源的充足和竞争力的持续。

与商业关系不同的是，我们可以发现政治关系对企业战略变化的影响是非线性的。这说明转型环境下，企业需要把握一个适合自身发展需要水平的政治关系强度。对于位于中西部等市场化程度较低地区的企业而言，它们需要进一步强化其在政治关系方面的优势，形成持续长久的政治关系，确保自身的政府资源优势，更好地运用这些资源优势参与到市场竞争中去。政治关系的运用可以加强企业市场竞争中的地位和力量，与商业关系一起形成二元的管理者关系，强化自身的外部资源基础，优化配置资源组合，提升资源利用效率，确保企业能够及时快速地在动态环境中进行机会捕获。对于位于东南沿海等市场化程度较高地区的企业而言，除建立具有优势的商业关系外，它们也需要保持适度水平的政治关系，运用适度的政治关系获取制度环境和政策资源方面的支持，推动它们的市场化运作能力和竞争能力。但是，企业不要完全依赖于政治关系，要保持自身在技术、知识、商业管理、市场竞争中的独特优势，通过市场化竞争建立自身的市场地位和声誉，这样可以确保在市场经济不断深化过程中，企业仍然能够通过商业合作、战略联盟、技术产品创新等方式不断形成长期竞争优势，而不被过度的政治关系所"锁定"，抑制了企业在动态环境中的机会捕获。

除了关注企业管理者的外部社会关系外，企业自身内部的资源基础和组织结构对企业的管理实践也具有相当大的作用和意义。大量研究都表明，仅仅拥有资源是难以最终实现企业的战略目标的。资源的利用和效率发挥才是真正的核心问题。因而，学者们强调了，合理的资源储备和有效的组织结构在企业资源分配利用方面的重要作用。从本书的研究结果来看，管理者的商业关系和政治关系与企业的资源储备和组织结构，在某些制度环境下，可以很好地产生协同作用，从而更好地促进企业进行机会捕获。这种结论下，就要求企业识别和了解不同组织结构的功能，准确地针对不同类型的关系资源进行组织结构的调整和相关资源的储备，从而能够整体提高组织资源的价值和效果。只有准确地关注组织资源储备、类型和管理者关系的有效匹配，才能更好地帮助企业完成动态环境下的机会捕获。

综上所述，管理者关系对企业机会捕获具有重要影响作用，而在这一过程中又必须提升和发挥组织的资源储备和合理部署组织结构。这一核心论点要求在转型环境下由于处于不同地理位置而面临不同制度环境的企业，都需要从内部和外部两个方面看待机会捕获的问题。一方面，要求关注外部社会资本，加强获取资源能力；另一方面，要求关注内部，提升资源利用效率。只有企业能够从外部和内部两个方面围绕资源开展经营管理活动，才能从整体上提高企业在动态环境下的机会捕获效率，使企业能够更好地开发转瞬即逝的宝贵机会。

第七章 结论与展望

第一节 主要研究结论

机会捕获已经成为企业应对竞争环境所带来挑战和利用机会的重要手段，成为企业提高竞争力和获取增长机会的源泉。同时我国正处在计划经济向市场经济转型的过渡时期，使我国企业所面临的外部环境更加具有高度不确定的特征。在这样的情形下，抓住转瞬即逝的机会有着更加重要的意义。制度转型作为我国的经济背景对机会捕获也有重要影响，而且制度转型导致的独特的经济特征使我国处于不同地理位置的企业会面临不尽相同的制度环境，导致其机会捕获存在明显差异。然而，目前的研究却很少结合我国制度转型的背景对企业机会捕获进行分析。

针对我国市场化进程不一致导致区域间经济发展不一致，企业面临不同制度环境的情况，结合制度理论、社会资本理论、机会捕获相关文献和资源基础理论等，本书提出企业管理者的商业关系和政治关系对企业机会捕获有着深远且不尽相同的影响。然后在不同制度环境下比较了这一关系的异同，并且同时考察了企业自身的资源储备和组织结构对于管理者关系和机会捕获这一联系的调节作用。针对以上的研究问题和研究内容，本书提出一个整体的研究框架，随后深入分析该框架下各变量间的关系，最后用我国企业的调研获得的 508 家企业的数据对提出的假设进行统计，实证检验本书提出的理论框架和研究假设。本书的研究不仅具有重要的理论和实践价值，也为深化我国制度转型背景下企业管理理论的研究开拓了一个新的方向。本书的具体研究结果如下：

一　商业关系和政治关系在不同制度环境下对机会捕获的影响不同

本书的研究结果发现，商业关系对于中国企业来说非常重要，无论是地处市场化程度较低的内陆地区还是东南沿海等市场化程度较高的地区，商业关系都能促进企业成功的机会捕获。而政治关系则因企业所处制度环境不同而会有不同影响。位于市场化程度较低地区企业的政治关系能够很好地帮助企业进行机会捕获，而市场化程度较高地区的企业则只能通过适度的政治关系中获取机会捕获所需的资源和信息，过于紧密的政治关系甚至会阻碍其成功地捕获机会。因此，企业需要建立和保持良好的商业关系，并结合自身所处的制度环境，来维持适度的政治关系，以此来保证成功的机会捕获。

二　不同制度环境下的企业需要构建不同类型的组织结构来与管理者关系产生协同作用以促进机会捕获

本书的研究结果指出，恰当的组织结构能与特定类型的管理者关系产生协同作用，从而促进机会捕获。具体来说，对于地处市场化程度较低地区的企业来说，较为机械化的组织结构能够更好地让其管理者关系发挥作用；对于市场化程度较高地区的企业来说，有机的组织结构更有利于商业关系对机会捕获的促进作用，同时也能在一定程度上促进适中的政治关系对机会捕获的正作用。因此，企业需要根据合理评估自身所处的制度环境来构建相应的组织结构，以期待和商业关系或政治关系产生最有利的协同作用。

三　企业资源储备对管理者关系促进机会捕获有重要意义

现有研究虽然关注了内外部资源对机会捕获的影响，但是却很少考察这两个因素的交互作用产生的效果，且实证研究也非常缺乏，因此，本书进一步考察了企业内部资源储备对管理者关系和机会捕获的调节作用。实证结果表明，在我国市场化程度较低地区的企业，资源储备越好，越能促进其利用商业关系来进行机会捕获，但对政治关系的促进作用却不明显；在我国市场化程度较高地区，资源储备对政治关系的促进作用明显，对商业关系的发挥却没有明显的促进作用。

第二节　主要创新点

对比现有研究，本书的创新性工作主要体现在以下几方面：

第一，拓宽了机会捕获的研究范围，丰富了其研究视角。

本研究拓展了机会捕获的研究范围，将其从个体层次扩展到更高层次。结合社会资本理论和制度理论，以及中国经济制度转型情境下的现实情况，本书为企业机会捕获找到了一个全新的且有重要意义的前因变量——管理者关系，并区分了不同类型的管理者关系对于企业机会捕获的不同影响，将管理者的商业关系和政治关系的不同作用进行了具体的分析。以往对于机会捕获的研究主要停留在个体层次上，本书将这一研究问题扩展到企业层面，从企业与外部企业构建的管理者关系形成的社会资本的角度，分析了企业机会捕获的影响因素，并证明企业应区别对待两种管理者关系来更好地利用它们进行机会捕获。

第二，实证检验了我国范围内小制度环境下企业行为的异同，对制度理论和社会资本理论进行了补充。

由于我国市场化进程的不一致性，导致区域之间面临不同的市场和制度环境，本书具体分析了处于不同制度环境中的企业管理者关系对于机会捕获的不同作用。管理者关系作为一种非正式制度是正式制度的一种重要的补充，但本书研究表明，随着市场化进程的深入以及制度的不断完善，管理者关系的作用并不会减弱，而是会产生不同的影响。通过理论分析和实证检验，本书重点比较了中国中西北部等市场化程度较低地区的企业和东南沿海市场化程度较高地区的企业管理者的商业关系和政治关系对机会捕获带来的不同影响。目前，在以中国企业为研究背景的理论研究中，国内小制度环境的问题才刚刚起步，本书用实证研究的方法将这一重要研究问题向前推进了一步，并成功论述了这是一个值得深入研究具有理论意义的重要问题。据此，本书进一步地完善和补充了制度理论和社会资本理论的相关内容，并对机会捕获的相关研究提供了新的思路。

第三，考察企业内部资源基础与管理者关系的交互作用，丰富了资源基础理论的内涵。

本书进一步研究了企业内部的资源储备和组织结构对于管理者关系和机会捕获这一联系的调节作用。企业与外部实体如顾客、供应商或政府官员建立关系，是一种获取外部资源的渠道和途径，也是机会捕获的重要影响因素，这样一种外部联系与企业内部的资源恰好能产生共同作用。同时，由于企业所处位置不同，面临的市场和制度环境不尽相同，导致企业的资源储备情况和组织结构也各异，企业应合理利用这些内外部资源来让管理者关系更好地发挥作用，从而实现更为高效的机会捕获。因此，本书继续分析了企业内部资源储备和组织结构的调节作用，进而指导企业更好地结合自身资源特点和管理者关系来进行更为有效的机会捕获。

第四，对制度理论、机会捕获、社会资本理论和资源基础视角等理论视角的整合。

本书实证检验了不同制度环境下管理者关系对企业机会捕获的作用，以及企业的资源储备和组织结构对这一关系的调节作用，将制度理论、社会资本，以及机会捕获的相关研究整合到一个大的理论框架之下，丰富了每个单一理论的内涵。尤其是将机会捕获的研究从单一的个体层面扩展到了企业层面，综合考虑社会资本理论和制度环境，对企业更好地开发机会以及相关理论研究都有一定贡献。

第三节　研究的局限性和未来的研究方向

　　针对目前研究的不足与空白，本书主要分析了管理者关系对企业机会捕获的影响，检验了企业资源储备和组织结构对这一关系的调节作用，同时比较了在中国不同的制度环境下，这些关系的差异。在模型构建中，针对我国因经济和制度转型而产生的特殊环境，结合制度理论、社会资本理论和机会捕获相关文献，本书首先区分了管理者的商业关系和政治关系对于企业机会捕获的不同影响，然后，针对我国中西北部经济欠发达地区和东南沿海地区的具体差别和现有研究的不足，分析了管理者关系在这两块区域中发挥的不同作用，最后分别探讨了企业的资源储备和组织结构对于管理者关系和机会捕获这一关系的调节作用。通过变量构建、数据收集和模型验证，本书提出的概念模型在总体上得到了验证，所有假设都通过了检验。总的来说，本研究达到了预期的研究目的，对前人的研究和一些理论观点进行了深化，并用实证结果支持了以往研究中的观点，同时也提出了一些新的观点，实现了对现有理论的深入和扩展。尽管本研究基本达到了预期目标，并且所获得的研究结果也相当重要，但是本研究也存在一些局限，主要表现在以下几个方面：

　　第一，本书将企业管理者的社会关系划分为与政府官员建立的政治关系和与供应商和客户建立的商业关系。实际上，企业管理者所建立的社会关系多种多样，不仅仅包含上述两种。还有与竞争者之间的关系；与分销商之间的关系；另外，有研究将与银行经理的关系作为政治关系，尽管国有企业商业化改革以来银行的政府职能已经削弱了，但是与银行经理的关系能给企业带来更多资金支持。上述社会关系给企业带来的资源与本书分析的政治关系和商业关系存在很大差异，因此分析上述社会关系对机会捕获的影响，并与企业管理者的政治关系和商业关系相比较能够进一步扩展现有研究，并将会得到更多有意义的结论。

第二，本书在研究组织结构对于管理者关系和机会捕获的协同作用时，考察的机械的组织结构和有机的组织结构中哪一种能与商业关系或政治关系形成协调作用从而促进机会捕获。未来企业在构建组织结构时，往往不再单一构建有机或机械式的组织结构，而是同时考虑这两种特殊的类型，并且在不同的部门间构建不同的子组织结构（如在营销部门采用有机的组织结构，而在制造部门采用机械的组织结构），来保证企业运营时有更为高效的流程。因此，未来的研究中，可以进一步考察面对不同的制度环境时，哪种混合的组织结构能够与管理者关系更好地产生协同作用，以更好地捕获机会。

第三，本书通过对 508 家企业的问卷调查数据对假设进行了实证检验，取得了良好的分析结果。但本书的数据都是在同一个时间节点收集的，而且虽然遍布全国各个城市，但由于我国体制是一致的，关于制度环境的对比还不够。因此，未来应该收集到发达国家（如北美地区企业）或地区（如中国香港地区的企业）数据，来进行更有效的制度环境对企业战略行为影响的对比研究，从而更进一步地丰富制度理论的内涵。

参考文献

[1] 边燕杰、丘海雄:《企业的社会资本及其功效》,《中国社会科学》2000 年第 2 期。

[2] 查尔斯·沃尔夫:《市场或政府:权衡两种不完善的选择》,中国发展出版社 1994 年版。

[3] 陈海涛、蔡莉、杨如冰:《创业机会识别影响因素作用机理模型的构建》,《中国青年科技》2007 年第 1 期。

[4] 陈昊雯、李垣、刘衡:《联盟还是并购:基于环境动态性和企业家精神调节作用的研究》,《管理学报》2011 年第 8 期。

[5] 陈浩然:《组织学习对企业绩效的影响——基于社会资本和权变理论的实证研究》,博士学位论文,西安交通大学,2008 年。

[6] 陈劲、李飞宇:《社会资本:对技术创新的社会学诠释》,《科学学研究》2001 年第 19 期。

[7] 崔启国:《基于网络视角的创业环境对新创企业绩效的影响研究》,博士学位论文,吉林大学,2007 年。

[8] 党兴华、楼桂球:《技术创新网络中企业权力依赖关系的构面探索研究》,《科学学与科学技术管理》2009 年第 10 期。

[9] 道格拉斯·斯诺:《制度、制度变迁与经济绩效》,上海三联书店 1994 年版。

[10] 高展军:《医院间社会资本对技术创新的影响:基于战略导向调节作用的研究》,博士学位论文,西安交通大学,2008 年。

[11] 古扎拉蒂:《计量经济学》(第三版),中国人民大学出版社 2000 年版。

［12］谷书堂：《社会主义经济学通论——中国转型经济问题研究》，高等教育出版社 1989 年版。

［13］郭海：《管理者关系对企业资源获取的影响：一种结构性观点》，《中国人民大学学报》2010 年第 3 期。

［14］贺远琼、田志龙：《组织因素与环境因素对企业政治战略的影响：一个研究综述》，《当代经济管理》2007 年第 29 期。

［15］胡鞍钢、王绍光：《政府与市场》，中国计划出版社 2000 年版。

［16］胡焕庸：《中国人口之分布》，《地理学报》1935 年第 3 期。

［17］胡焕庸：《中国之农业区域》，中国地理学会 1936 年版。

［18］李西垚：《战略柔性与管理者关系对双元创新及战略变化速度的影响研究》，博士学位论文，西安交通大学，2011 年。

［19］李垣：《企业技术创新机制论》，西安交通大学出版社 1994 年版。

［20］李垣、刘益、王建国：《企业技术创新》，西安交通大学出版社 1993 年版。

［21］林嵩、姜彦福、张帏：《创业机会识别：概念、过程、影响因素和分析架构》，《科学学与科学技术管理》2005 年第 28 期。

［22］林毅夫、蔡昉、李周：《论中国经济改革的渐进式道路》，《经济研究》1993 年第 9 期。

［23］浅古：《各路专家热评吉利收购沃尔沃》，《中国品牌与防伪》2010 年第 5 期。

［24］乔尔·赫尔曼、马克·施克曼、王新颖：《转轨国家的政府干预、腐败与政府被控：转型国家中企业与政府交易关系研究》，《经济社会体制比较》2005 年第 5 期。

［25］史会斌、李垣：《基于公平理论的联盟管理研究评述》，《科学学与科学技术管理》2008 年第 29 期。

［26］苏中锋、谢恩、李垣：《资源管理：企业竞争优势与价值创造的源泉》，《管理评论》2007 年第 17 期。

[27] 孙永风：《基于社会资本的知识管理及其对创新产出影响的实证研究》，博士学位论文，西安交通大学，2006 年。

[28] 田志龙、贺远琼、高海涛：《中国企业非市场策略与行为研究——对海尔、中国宝洁、新希望的案例研究》，《中国工业经济》2005 年第 9 期。

[29] 王晓辉：《奔驰联姻比亚迪悬疑待解》，《时代汽车》2010 年第 6 期。

[30] 温忠麟、侯杰泰、张雷：《调节效应与中介效应的比较和应用》，《心理学报》2005 年第 37 期。

[31] 吴光炳主编：《转型经济学》，北京大学出版社 2008 年版。

[32] 吴贵生、王毅：《技术创新管理》，清华大学出版社 2009 年版。

[33] 吴明隆：《SPSS 统计应用实务》，（台北）松岗出版社 2000 年版。

[34] 武卫强：《产能过剩下的中国汽车业未来将向何处去?》，《轻型汽车技术》2005 年第 9 期。

[35] 谢佩洪、王志成、朱海华：《基于制度视角的企业非市场战略与市场战略的整合研究》，《南开管理评论》2008 年第 11 期。

[36] 徐滇庆、李瑞：《市场在经济发展中的作用》，上海人民出版社 1999 年版。

[37] 杨东、李垣、廖貅武：《控制机制对自主创新过程的影响研究》，《科学学研究》2007 年第 25 期。

[38] 杨祖功、田生、莫伟：《国家与市场》，社会科学文献出版社 1999 年版。

[39] 张德霖等：《走向新世纪的中国经济》，经济科学出版社 1999 年版。

[40] 张维迎：《理性思考中国改革》，《财经界》2006 年第 6 期。

[41] 张炜：《核心竞争力辨析》，《经济管理》2002 年第 12 期。

[42] 张文彤、董伟：《SPSS 统计分析高级教程》，高等教育出版社

2004 年版。

[43] 张昕竹主编:《中国规制与竞争:理论与政策》,社会科学文献出版社 2000 年版。

[44] 张玉利、陈寒松、李乾文:《创业管理与传统管理的差异与融合》,《外国经济与管理》2004 年第 5 期。

[45] 赵旻:《论我国经济转轨发展的四个阶段》,《经济学动态》2003 年第 3 期。

[46] 周雪光:《西方社会学干预中国组织与制度变迁研究状况评述》,《社会学研究》1999 年第 4 期。

[47] Acquaah Moses, "Managerial social capital, strategic orientation, and organizational performance in an emerging economy", *Strategic Management Journal*, Vol. 28, No. 12, 2007.

[48] Adler Paul, Kwon S. W., "Social capital: Prospects for a new concept", *Academy of Management Review*, Vol. 27, No. 1, 2002.

[49] Aidis Ruta, Estrin S., Mickiewicz T., "Institutions and entrepreneurship development in Russia: a comparative perspective", *Journal of Business Venturing*, Vol. 23, No. 6, 2008.

[50] Aldrich Howard, Zimmer C., *Entrepreneurship through social networks*, University of Illinois at Urbana – Champaign's Academy for Entrepreneurial Leadership Historical Research Reference in Entrepreneurship, 1986.

[51] Amit Raphael, Schoemaker P., "Strategic assets and organizational rent", *Strategic Management Journal*, Vol. 14, No. 1, 1993.

[52] Ansoff H. Igor, *Corporate strategy: business policy for growth and expansion*, McGraw – Hill Book, 1965.

[53] Ardichvili Alexander, Cardozo R., Ray S., "A theory of entrepreneurial opportunity identification and development", *Journal of Business Venturing*, Vol. 18, No. 1, 2003.

[54] Armstrong J. Scott, Overton T. S., "Estimating nonresponse bias in

mail surveys", *Journal of Marketing Research*, Vol. 13, No. 3, 1977.

[55] Arregle Jean Luc, Batjargal B. , Hitt MA, et al, "Family ties in entrepreneurs' social networks and new venture growth", *Entrepreneurship Theory and Practice*, Vol. 39, No. 2, 2013.

[56] Atuahene – Gima K. waku, "Resolving the capability – rigidity paradox in new product innovation", *Journal of Marketing*, Vol. 69, No. 10, 2005.

[57] Austin James, Stevenson H. , Wei – Skillern J. , "Social and commercial entrepreneurship: same, different, or both?", *Entrepreneurship Theory and Practice*, Vol. 30, No. 1, 2006.

[58] Bagozzi Richard P. , Philips L. W. , "Representing and testing organizational theories: A holistic construct", *Administrative Science Quarterly*, Vol. 27, No. 3, 1982.

[59] Bagozzi Richard, Yi Y. , "On the evaluation of structural equation models", *Journal of Academy of Marketing Science*, Vol. 16, No. 1, 1988.

[60] Barney Jay, Wright P. M. , "On becoming a strategic partner: The role of human resources in gaining competitive advantage", *Human Resource Management*, Vol. 37, No. 1, 1998.

[61] Barney Jay, "Firm Resources and Sustained Competitive Advantage", *Journal of Management*, Vol. 17, No. 1, 1991.

[62] Barney Jay, "Strategic factor markets: Expectations, luck, and business strategy", *Management Science*, Vol. 32, No. 10, 1986.

[63] Baron R. M. , Kenny D. A. , "The moderator – mediator variable distinction in social psychological research: conceptual, strategic, and statistical considerations", *Journal of Personality and Social Psychology*, Vol. 51, No. 6, 1986.

[64] Batjargal Bat, Liu M. , "Entrepreneurs' access to private equity in

China: The role of social capital", *Organization Science*, Vol. 15, No. 2, 2004.

[65] Bhave Mahesh P., "A process model of entrepreneurial venture creation", *Journal of Business Venturing*, Vol. 9, No. 3, 1994.

[66] Bian Yanjie, "Guanxi and the allocation of urban jobs in China", *The China Quarterly*, No. 140, 1994.

[67] Birley Sue, "The role of networks in the entrepreneurial process", *Journal of Business Venturing*, Vol. 1, No. 1, 1986.

[68] Boisot Max, Child J., "From fiefs to clans and network capitalism: Explaining China's emerging economic order", *Administrative Science Quarterly*, Vol. 41, No. 4, 1996.

[69] Bourdieu Pierre, *The forms of capital*, Handbook of theory and research for the sociology of education, New York: Greenwood, 1986.

[70] Bourdieu Pierre, Wacquant L. J. D., *An Invitation to Reflexive Sociology*, Chicago: University of Chicago Press, 1992.

[71] Brouthers Keith D., Brouthers L. E., "Acquisition or greenfield start - up? Institutional, cultural and transaction cost influences", *Strategic Management Journal*, Vol. 21, No. 1, 2000.

[72] Brush Candida G., Greene P. G., Hart M. M., "From initial idea to unique advantage: The entrepreneurial challenge of constructing a resource base", *The Academy of Management Executive*, Vol. 15, No. 1, 2001.

[73] Bruton Garry D., Ahlstrom D., Puky T., "Institutional differences and the development of entrepreneurial ventures: A comparison of the venture capital industries in Latin America and Asia", *Journal of International Business Studies*, Vol. 40, No. 5, 2009.

[74] Burgelman Robert A., Sayles L. R., *Inside Corporate Innovation*, Simon and Schuster, 1988.

[75] Burt R. S., *Structural Holes: The Social Structure of Competition*, Cambridge, MA.: Harvard University Press, 1992.

[76] Busenitz Lowell W., West G. P., Shepherd D, et al., "Entrepreneurship research in emergence: Past trends and future directions", *Journal of Management*, Vol. 29, No. 3, 2003.

[77] Busenitz Lowell W., "Research on entrepreneurial alertness", *Journal of Small Business Management*, Vol. 34, No. 4, 1996.

[78] Butler J. E., Hansen G. S., "Network evolution, entrepreneurial success, and regional development", *Entrepreneurship & Regional Development*, Vol. 3, No. 1, 1991.

[79] Bygrave William D., "Theory building in the entrepreneurship paradigm", *Journal of Business Venturing*, Vol. 8, No. 3, 1994.

[80] Campbell Donald T., Fiske D. W., "Convergent and discriminant validation by the multitrait – multimethod matrix", *Psychological Bulletin*, Vol. 56, No. 2, 1959.

[81] Carroll Glenn R., Delacroix J., "Organizational mortality in the newspaper industries of Argentina and Ireland: An ecological approach", *Administrative Science Quarterly*, Vol. 27, No. 2, 1982.

[82] Chandy Rajesh K., Tellis G. J., "The incumbent's curse? Incumbency, size, and radical product innovation", *Journal of Marketing*, Vol. 64, No. 3, 2000.

[83] Chen Ming Jer, Miller D., "The relational perspective as a business mindset: Managerial implications for East and West", *The Academy of Management Perspectives*, Vol. 25, No. 3, 2011.

[84] Chen Xiaoping, Chen C. C., "On the intricacies of the Chinese guanxi: A process model of guanxi development", *Asia Pacific Journal of Management*, Vol. 21, No. 3, 2004.

[85] Child John, *Management in China During the Age of Reform*, Cambridge: Cambridge University Press, 1994.

［86］ Child John, "Organizational structure, environment and perform-ance: the role of strategic choice", *Sociology*, Vol. 6, No. 1, 1972.

［87］ Chua Roy Y. J., Morris M. W., Ingram P., "Guanxi vs networ-king: Distinctive configurations of affect – and cognition – based trust in the networks of Chinese vs American managers", *Journal of International Business Studies*, Vol. 40, No. 3, 2009.

［88］ Chung Lai Hong, Gibbons P. T., "Corporate Entrepreneurship The Roles of Ideology and Social Capital", *Group & Organization Man-agement*, Vol. 22, No. 1, 1997.

［89］ Churchill Jr G. A., "A paradigm for developing better measures of marketing constructs", *Journal of Marketing Research*, Vol. 16, No. 1, 1979.

［90］ Clougherty Joseph A., "Antitrust holdup source, cross – national institutional variation, and corporate political strategy implications for domestic mergers in a global context", *Strategic Management Journal*, Vol. 26, No. 8, 2005.

［91］ Coleman James, "Social capital in the creation of human capital", *American Journal of Sociology*, Vol. 94, No. Supplement, 1988.

［92］ Collis D., Montgomery C., "Creating corporate advantage", *Har-vard Business Review*, Vol. 76, No. 3, 1998.

［93］ Cooper Robert G., "Predevelopment activities determine new prod-uct success", *Industrial Marketing Management*, Vol. 17, No. 3, 1988.

［94］ Covin Jeffery G., Slevin D. P., "The influence of organization structure on the utility of an entrepreneurial top management style", *Journal of Management Studies*, Vol. 25, No. 3, 1988.

［95］ Daft Richard, *Organization Theory and Design*, Thomson Learning, Inc., 2006.

[96] Darnall Nicole, Henriques I. , Sadorsky P. , "Adopting proactive environmental strategy: the influence of stakeholders and firm size", *Journal of Management Studies*, Vol. 47, No. 6, 2010.

[97] Das T. K. , Teng B. S. , "A resource – based theory of strategic alliances", *Journal of Management*, Vol. 26, No. 1, 2000.

[98] Davidsson Peter, Honig B. , "The role of social and human capital among nascent entrepreneurs", *Journal of Business Venturing*, Vol. 18, No. 3, 2003.

[99] Davidsson Peter, "The domain of entrepreneurship research: Some suggestions", *Advances in Entrepreneurship*, *firm Emergence and Growth*, No. 6, 2003.

[100] Davies Howard, Leung T. K. P. , Luk S. T. K. , et al, "The benefits of 'Guanxi': the value of relationships in developing the Chinese market", *Industrial Marketing Management*, Vol. 24, No. 3, 1995.

[101] Davies Howard, Walters P. , "Emergent patterns of strategy, environment and performance in a transition economy", *Strategic Management Journal*, Vol. 25, No. 4, 2004.

[102] Davis Lance E. , North D. C. , *Institutional Change and American Economic Growth*, New York: Cambridge University Press, 1971.

[103] De Koning A. , *Conceptualizing Opportunity Recognition as a Socio – cognitive Process*, Centre for Advanced Studies in Leadership, Stockholm, 1999.

[104] Dess Gregory G. , Beard D. W. , "Dimensions of organizational task environments", *Administrative Science Quarterly*, Vol. 29, No. 1, 1984.

[105] Dess Gregory G. , Lumpkin G. , "*Strategic Management: Creating Competitive Advantage*", NewYork: McGraw – Hill, 2003.

[106] Dimaggio Paul J. , Powell W. W. , "The iron cage revisited: insti-

tutional isomorphism and collective rationality in organizational fields", *American Sociological Review*, Vol. 48, No. 2, 1983.

[107] Drucker Peter, *Entrepreneurship and Innovation: Practice and Principles*, NY: Harper Business, 1985.

[108] Duncan Robert B., "Characteristics of organizational environments and perceived environmental uncertainty", *Administrative Science Quarterly*, Vol. 17, No. 3, 1972.

[109] Dyer Jeffert H., Singh H., "The relational view: cooperative strategy and sources of interorganizational competitive advantage", *Academy of Management Review*, Vol. 23, No. 4, 1998.

[110] Eckhardt Jonathan T., Shane S. A., "Opportunities and entrepreneurship", *Journal of Management*, Vol. 29, No. 3, 2003.

[111] Eisenhardt Kathleen M., Schoonhoven C. B., "Resource – based view of strategic alliance formation: Strategic and social effects in entrepreneurial firms", *Organization Science*, Vol. 7, No. 2, 1996.

[112] Evans David S., Leighton L. S., "Some empirical aspects of entrepreneurship", *The American Economic Review*, Vol. 79, No. 3, 1989.

[113] Fei Xiaotong, *From the soil, the foundations of Chinese society: a translation of Fei Xiaotong's Xiangtu Zhongguo, with an introduction and epilogue*, Univ of California Press, 1992.

[114] Fornell Claes, Larcker D. F., "Evaluating structural equation models with unobservable variables and measurement error", *Journal of Marketing Research*, Vol. 18, No. 1, 1981.

[115] Fukuyama F., *Trust: The social virtues and the creation of prosperity*, New York: Free Press, 1995.

[116] Gabbay Shaul M., Zuckerman E. W., "Social capital and opportunity in corporate R&D: The contingent effect of contact density

on mobility expectations", *Social Science Research*, Vol. 27, No. 2, 1998.

[117] Gaedeke R. M. , Tootelian D. H. , "The fortune '500' List—an endangered species for academic research", *Journal of Business Research*, Vol. 4, No. 3, 1976.

[118] Gaglio C. M. , Taub R. P. , "Entrepreneurs and opportunity recognition", *Frontiers of Entrepreneurship Research*, No. 12, 1992.

[119] Gaglio C. M. , *The entrepreneurial opportunity identification process*, University of Chicago, Department of Psychology, 1997.

[120] Gao G. Y. , Pan Y. , Tse D. K. , et al, "Market share performance of foreign and domestic brands in China", *Journal of International Marketing*, Vol. 14, No. 2, 2006.

[121] Geletkanycz M. A. , Hambrick D. C. , "The external ties of top executives: Implications for strategic choice and performance", *Administrative Science Quarterly*, Vol. 42, No. 4, 1997.

[122] Germain R. , Claycomb C. , Dröge C. , "Supply chain variability, organizational structure, and performance: the moderating effect of demand unpredictability", *Journal of Operations Management*, Vol. 26, No. 5, 2008.

[123] Gilbert C. G. , "Unbundling the structure of inertia: resource versus routine rigidity", *Academy of Management Journal*, Vol. 48, No. 5, 2005.

[124] Gold T. , *Personal communication (March)*, Walter de Gruyter: Berlin, Germany, 1985.

[125] Granovetter M. , *Getting a job: A study of contacts and careers*, Chicago: University of Chicago Press, 1974.

[126] Granovetter M. , "The strength of weak ties: A network theory revisited", *Sociological Theory*, Vol. 1, No. 1, 1983.

[127] Granovetter M. , "The strength of weak ties", *American Journal*

of Sociology, Vol. 78, No. 6, 1973.

[128] Grant R. M. , *The resource - based theory of competitive advantage*: *implications for strategy formulation*, Knowledge and Strategy. (Ed. , M. , Zack), 1991.

[129] Greene J. C. , "The inequality of performance measurements", *E-valuation*, Vol. 5, No. 2, 1999.

[130] Gu Flora F. , Hung K. , Tse D. K. , "When does guanxi matter? Issues of capitalization and its dark sides", *Journal of Marketing*, Vol. 72, No. 4, 2008.

[131] Guthrie D. , "The declining significance of guanxi in China's e-conomic transition", *The China Quarterly*, Vol. 154, No. 1, 1998.

[132] Harrison J. S. , Hitt M. A. , Hoskisson R. E. , et al. , "Resource complementarity in business combinations: Extending the logic to organizational alliances", *Journal of Management*, Vol. 27, No. 6, 2001.

[133] Hatcher L. , *A step - by - step approach to using the sas system for factor analysis and structural equation modeling*, Cary, North Carolina: SAS Institute Inc. , 1994.

[134] Helfat Constance E, Raubitschek RS, "Product sequencing: co - evolution of knowledge, capabilities and products", *Strategic Management Journal*, Vol. 21, No. 10 - 11, 2000.

[135] Hillman A. J. , Hitt M. A. , "Corporate political strategy formula-tion: A model of approach, participation, and strategy deci-sions", *Academy of Management Review*, Vol. 24, No. 4, 1999.

[136] Hillman A. J. , Keim G. D. , Schuler D. , "Corporate political ac-tivity: A review and research agenda", *Journal of Management*, Vol. 30, No. 6, 2004.

[137] Hills G. E. , Lumpkin G. T. , Singh R. P. , *Opportunity recogni-*

tion: *perceptions and behaviors of entrepreneurs*, Babson College Wellesley, MA, 1997.

[138] Hisrich R. D. , "Entrepreneurship/intrapreneurship", *American Psychologist*, Vol. 45, No. 2, 1990.

[139] Hitt Micheal A. , Hoskisson R. E. , Kim H. , "International diversification: Effects on innovation and firm performance in product – diversified firms", *Academy of Management Journal*, Vol. 40, No. 4, 1997.

[140] Hitt Micheal A. , Ireland R. D. , Camp S. M. , et al, "Strategic entrepreneurship: Integrating entrepreneurial and strategic management perspectives", *Strategic entrepreneurship: Creating a new mindset*, No. 3, 2002.

[141] Hitt Micheal A. , Sirmon D. G. , Li Y. , Ghobadian A. and Arregle J. L. , *Institutional polycentricity, resource orchestration and firm performance*, paper presented at the Academy of Management, Boston, 2012.

[142] Holmes T. J. , Schmitz Jr J. A. , "Competition at work: Railroads vs, monopoly in the US shipping industry", *Federal Reserve Bank of Minneapolis Quarterly Review*, Vol. 25, No. 2, 2001.

[143] Hwang K. , "Face and favor: The Chinese power game", *American Journal of Sociology*, Vol. 92, No. 4, 1987.

[144] Inkpen A. C. , Tsang E. W. K. , "Social capital, networks, and knowledge transfer", *Academy of Management Review*, Vol. 30, No. 1, 2005.

[145] Iyer G. R. , "Comparative marketing: an interdisciplinary framework for institution analysis", *Journal of International Business Studies*, Vol. 28, No. 3, 1997.

[146] Jaworski B. J. , Kohli A. K. , "Market orientation: antecedents and consequences", *The Journal of Marketing*, Vol. 57, No. 3,

1993.

[147] Johannisson B. , "Economies of overview – guiding the external growth of small firms", *International Small Business Journal*, Vol. 9 , No. 1 , 1990.

[148] Johansson J. K. , Nonaka I. , "Market research the Japanese way", *Harvard Business Review*, Vol. 65 , No. 3 , 1987.

[149] Kaufman L. , Rousseeuw P. J. , *Finding groups in data: an introduction to cluster analysis*, John Wiley and Sons, 2009.

[150] Kay J. , Thompson D. J. , "Privatisation: a policy in search of a rationale", *The Economic Journal*, Vol. 96 , No. 381 , 1986.

[151] Keh H. T. , Foo M. D. , Lim B. C. , "Opportunity evaluation under risky conditions: The cognitive processes of entrepreneurs", *Entrepreneurship Theory and Practice*, Vol. 27 , No. 2 , 2002.

[152] Ketchen D. J. , Shook C. L. , "The application of cluster analysis in strategic management research: an analysis and critique", *Strategic Management Journal*, Vol. 17 , No. 6 , 1996.

[153] Khandwalla P. N. , "Some top management styles, their context and performance", *Organization and Administrative Sciences*, Vol. 7 , No. 4 , 1977.

[154] Kihlstrom R. E. , Laffont J. J. , "A general equilibrium entrepreneurial theory of firm formation based on risk aversion", *The Journal of Political Economy*, Vol. 87 , No. 4 , 1979.

[155] Kirzner I. , "Entrepreneurial discovery and the competitive market process: an Austrian approach", *Journal of Economic Literature*, Vol. 35 , No. 1 , 1997.

[156] Kirzner I. M. , *Competition and entrepreneurship*, Chicago, IL: University of Chicago Press, 1973.

[157] Kirzner I. M. , *Competition and entrepreneurship*, University of Chicago press, 1978.

[158] Kirzner I. M. , Perception, *Opportunity and profit: Studies in the theory of entrepreneurship*, Chicago, I. L. : University of Chicago Press, 1979.

[159] Knight F. H. , Risk, *Uncertainty and profit*, Courier Dover Publications, 1921.

[160] Koller R. H. , *On the source of entrepreneurial ideas, In: Frontiers of Entrepreneurship Research*, Babson College, Wellesley, MA, 1988.

[161] Laforet S. , "Size, strategic, and market orientation affects on innovation", *Journal of Business Research*, Vol. 61, No. 7, 2008.

[162] Lambert D. M. , Harrington T. C. , "Measuring non – response bias in customer mail surveys", *Journal of Business Logistics*, No. 10, 1990.

[163] Lau C. M. , Fan D. K. , Young M. N. , "Corporate governance effectiveness during institutional transition", *International Business Review*, No. 16, 2007.

[164] Lavie D. , "The competitive advantage of interconnected firms: An extension of the resource – based view", *Academy of Management Review*, Vol. 31, No. 3, 2006.

[165] Lawrence P. R. , Lorsch J. W. , "Differentiation and integration in complex organizations", *Administrative Science Quarterly*, No. 165, 1967.

[166] Lee C. , Lee K. , Pennings J. M. , "Internal capabilities, external networks, and performance: a study on technology – based ventures", *Strategic Management Journal*, Vol. 22, No. 6 – 7, 2001.

[167] Lee R. P. , Chen Q. , "The Immediate Impact of New Product Introductions on Stock Price: The Role of Firm Resources and Size", *Journal of Product Innovation Management*, No. 26, 2009.

[168] Li Haiyang, Atuahene – Gima K., "Product innovation strategy and the performance of new technology ventures in China", *Academy of Management Journal*, Vol. 44, No. 6, 2001.

[169] Li Haiyang, Zhang Y., "The role of managers' political networking and functional experience in new venture performance: Evidence from china's transition economy", *Strategic Management Journal*, Vol. 28, No. 8, 2007.

[170] Li Julia Juan, Poppo L., Zhou K. Z., "Do managerial ties in China always produce value? Competition, uncertainty, and domestic vs, Foreign firms", *Strategic Management Journal*, Vol. 29, No. 4, 2008.

[171] Li Julia Juan, Zhou K. Z., Shao A. T., "Competitive position, managerial ties, and profitability of foreign firms in China: An interactive perspective", *Journal of International Business Studies*, Vol. 40, No. 2, 2009.

[172] Li Julia Juan, "The formation of managerial networks of foreign firms in China: The effects of strategic orientations", *Asia Pacific Journal of Management*, Vol. 22, No. 4, 2005.

[173] Li Yuan, Chen H., Liu Y., et al., "Managerial ties, organizational learning, and opportunity capture: A social capital perspective", *Asia Pacific Journal of Management*, Vol. 31, No. 1, 2014.

[174] Li Yuan, Liu X., Wang L., et al., "How entrepreneurial orientation moderates the effects of knowledge management on innovation", *Systems Research and Behavioral Science*, Vol. 26, No. 6, 2009.

[175] Li Yuan, Peng M. W., "Developing theory from strategic management research in China", *Asia Pacific Journal of Management*, Vol. 25, No. 3, 2008.

[176] Lin N. , "Social capital and social transformations", *Social Change in the Age of Globalization*, No. 10, 2006.

[177] Lin, N. , *Guanxi: A conceptual analysis*, In So, A. , Lin, N & Poston, D, (Eds.) The Chinese triangle of mainland China, Taiwan, and Hong Kong, Greenwich: Greenwood, 2001.

[178] Lockett M. , *The factors behind successful IT innovation*, Oxford Institute of Information Management, Templeton College, 1987.

[179] Lovett S. , Simmons L. C. , Kali R. , "Guanxi versus the market: Ethics and efficiency", *Journal of International Business Studies*, Vol. 30, No. 2, 1999.

[180] Luk C. L. , Yau O. H. M. , Sin L. Y. M. , et al. , "The effects of social capital and organizational innovativeness in different institutional contexts", *Journal of International Business Studies*, Vol. 39, No. 4, 2008.

[181] Luo Yadong, Chen M. , "Does guanxi influence firm performance?", *Asia Pacific Journal of Management*, Vol. 14, No. 1, 1997.

[182] Luo Yadong, "Industrial dynamics and managerial networking in an emerging market: The case of China", *Strategic Management Journal*, Vol. 24, No. 13, 2003.

[183] Ma R. , Huang Y. C. , Shenkar O. , "Social networks and opportunity recognition: A cultural comparison between Taiwan and the United States", *Strategic Management Journal*, Vol. 32, No. 11, 2011.

[184] March James G. , Olsen J. O. , *Rediscoveriizg institutions: the organizcltioncllhasis of politics*, New York: The Free Press, 1989.

[185] Markides C. C. , Williamson P. J. , "Corporate diversification and organizational structure: A resource based view", *Academy of Management Journal*, Vol. 39, No. 2, 1996.

[186] Matanda M. J. , Freeman S. , "Effect of perceived environmental uncertainty on exporter – importer inter – organisational relationships and export performance improvement", *International Business Review*, Vol. 18, No. 1, 2009.

[187] McDonough E. F. , Leifer R. , "Using simultaneous structures to cope with uncertainty", *Academy of Management Journal*, Vol. 26, No. 4, 1983.

[188] McEvily B. , Marcus A. , "Embedded ties and the acquisition of competitive capabilities", *Strategic Management Journal*, Vol. 26, No. 11, 2005.

[189] McMullan W. E. , Long W. A. , *Developing new ventures: The entrepreneurial option*, San Diego: Harcourt Brace Jovanovich, 1990.

[190] Menguc B. , Auh S. , Ozanne L. , "The interactive effect of internal and external factors on a proactive environmental strategy and its influence on a firm's performance", *Journal of Business Ethics*, Vol. 94, No. 2, 2010.

[191] Meyer J. W. , Rowan B. , "Institutionalized organizations: formal structure as myth and ceremony", *American Journal of Sociology*, Vol. 83, No. 2, 1977.

[192] Meyer K. E. , Estrin S. , Bhaumik S. , Peng M. W. , "Institutions, resources, and entry strategies in emerging economies", *Strategic Management Journal*, Vol. 30, No. 1, 2009.

[193] Mile T. , "Achieving performance excellence through an integrated strategy of radical innovation and continuous improvement", *Measuring Business Excellence*, Vol. 6, No. 2, 2002.

[194] Miller D. , Friesen P. H. , "Strategy – making and environment: The third link", *Strategic Management Journal*, Vol. 4, No. 3, 1983.

[195] Mintzberg H. , *The structuring of organizations: A synthesis of the research*, *University of Illinois at Urbana – Champaign's Academy* for Entrepreneurial Leadership Historical Research Reference in Entrepreneurship, 1979.

[196] Mosakowski E. , "Entrepreneurial resources, organizational choices, and competitive outcomes", *Organization Science*, Vol. 9, No. 6, 1998.

[197] Mumford M. D. , Costanza D. P. , Connelly M. S. J. J. F. , "Item generation procedures and background data scales: Implications for construct and criterion – related validity", *Personal Psychology*, Vol. 49, No. 2, 1996.

[198] Nahapiet J. , Ghoshal S. , "Social capital, intellectual capital, and the organizational advantage", *Academy of Management Review*, Vol. 23, No. 2, 1998.

[199] Narayanan V. K. , Fahey L. , "The relevance of the institutional underpinnings of Porter's five forces framework to emerging economies: An epistemological analysis", *Journal of Management Studies*, Vol. 42, No. 1, 2005.

[200] Nee V. , Opper S. , Wong S. , "Developmental state and corporate governance in China", *Management and Organization Review*, Vol. 3, No. 1, 2007.

[201] Nee V. , "Organizational dynamics of market transition: Hybrid forms, property rights, and mixed economy in China", *Administrative Science Quarterly*, Vol. 37, No. 1, 1992.

[202] Nolan P. , *China and the Global Economy: National Champions, Industrial Policy and the Big Business Revolution*, Palgrave: New York, 2001.

[203] North D. C. , *Institutions, institutional change and economic performcmce*, New York: Cambridge University Press, 1990.

［204］ Nunnally J. C. , *Psychometric theory*, New York: McGraw – Hill, 1978.

［205］ Oliver C. , Holzinger I. , "The effectiveness of strategic political management: a dynamic capabilities framework ", *Academy of Management Review*, Vol. 33, No. 2, 2008.

［206］ Oliver C. , "Strategic responses to institutional processes", *Academy of Management Review*, Vol. 16, No. 1, 1991.

［207］ Oliver C. , "The influence of institutional and task environment relationship on organizational performance: the canadian construction industry", *Journal of Management Studies*, Vol. 34, No. 1, 1997.

［208］ Ostrom E. , *Understanding Institutional Diversity*, Princeton University Press, 2005.

［209］ Padula G. , "Enhancing the innovation performance of firms by balancing cohesiveness and bridging ties", *Long Range Planning*, Vol. 41, No. 4, 2008.

［210］ Park S. H. , Luo Y. , "Guanxi and organizational dynamics: Organizational networking in Chinese firms", *Strategic Management Journal*, Vol. 22, No. 5, 2001.

［211］ Peng Mike W. , Heath P. S. , "The growth of the firm in planned economies in transition: Institutions, organizations, and strategic choice", *Academy of Management Review*, Vol. 21, No. 2, 1996.

［212］ Peng Mike W. , Luo Y. , "Managerial ties and firm performance in a transitioneconomy: the nature of a micro – macro link", *Academy of Management Journal*, Vol. 43, No. 3, 2000.

［213］ Peng Mike W. , Sun S. L. , Pinkham B. , et al. , "The Institution – Based View as a Third Leg for a Strategy Tripod", *Academy of Management Perspectives*, Vol. 23, No. 3, 2009.

［214］ Peng Mike W. , Zhou J. Q. , "How network strategies and institutional transitions evolve in Asia", *Asia Pacific Journal of Management*, Vol. 22, No. 4, 2005.

[215] Peng Mike W., "Firm growth in transitional economies: Three longitudinal cases from China, 1989 – 1996", *Organization Studies*, Vol. 18, No. 3, 1997.

[216] Peng Mike W., "Towards an institution – based view of business strategy", *Asia Pacific Journal of Management*, Vol. 19, No. 2 – 3, 2002.

[217] Peng Mike, "Institutional transitions and strategic choices ", *Academy of Management Review*, Vol. 28, No. 2, 2003.

[218] Penrose E., *The theory of the growth of the firm*, New York: John Wiley Sons, 1959.

[219] Perry – Smith J. E., Shalley C. E., "The social side of creativity: A static and dynamic social network perspective", *Academy of Management Review*, Vol. 28, No. 1, 2003.

[220] Pfeffer J., Salancik G. R., *The external control of organizations: A resource dependence perspective*, Stanford University Press, 1978.

[221] Pinchot Ⅲ G., *Intrapreneuring: Why you don't have to leave the corporation to become an entrepreneur*, University of Illinois at Urbana – Champaign's Academy for Entrepreneurial Leadership Historical Research Reference in Entrepreneurship, 1985.

[222] Podsakoff P. M., MacKenzie S. B., Lee J. Y., et al., "Common method biases in behavioral research: a critical review of the literature and recommended remedies", *Journal of Applied Psychology*, Vol. 88, No. 5, 2003.

[223] Podsakoff P. M., Organ D. W., "Self – reports in organizational research: problems and prospects", *Journal of Management*, Vol. 12, No. 4, 1986.

［224］ Porter Micheal E. , "Towards a dynamic theory of strategy", *Strategic Management Journal*, Vol. 12, No. S2, 1991.

［225］ Portes A. , "Social Capital: Its Origins and Applications in Modern Sociology", *Annual Review of Sociology*, Vol. 24, No. 1, 1998.

［226］ Quinn J. B. , "Managing innovation: controlled chaos", *Harvard Business Review*, Vol. 63, No. 3, 1985.

［227］ Randolph W. A. , Dess G. G. , "The congruence perspective of organization design: A conceptual model and multivariate research approach", *Academy of Management Review*, Vol. 9, No. 1, 1984.

［228］ Rauch A. , Wiklund J. , Lumpkin G. T. , et al. , "Entrepreneurial orientation and business performance: An assessment of past research and suggestions for the future", *Entrepreneurship Theory and Practice*, Vol. 33, No. 3, 2009.

［229］ Ray S. , Cardozo R. , *Sensitivity and creativity in entrepreneurial opportunity recognition: a framework for empirical investigation*, Sixth Global Entrepreneurship Research Conference, Imperial College, London, 1996.

［230］ Redding S. G. , Ng M, "The role of ' face' in the organizational perceptions of Chinese managers", *International Studies of Management & Organization*, Vol. 13, No. 3, 1982.

［231］ Redding S. G. , *The Spirit of Chinese Capitalism*, Walter de Gruyter: Berlin, Germany, 1993.

［232］ Reynolds S. L. , *Longitudinal analysis of age changes in speed of behavior*, Proceedings of the Human Factors and Ergonomics Society Annual Meeting, SAGE Publications, 1991.

［233］ Robbins S. P. , *Organization theory: The structure and design of organizations*, Prentice – Hall Englewood Cliffs, NJ, 1983.

[234] Roberts P. W. , Greenwood R, "Integrating transaction cost and institution theories: toward a constrained – efficiency framework for understanding organizational design adoption", *Academy of Management Review*, Vol. 22, No. 2, 1997.

[235] Robins J. A. , "Organizational economics: notes on the use of transaction – cost theory in the study of organziations", *Administrative Science Quarterly*, Vol. 32, No. 1, 1987.

[236] Rodriguez P. , Uhlenbruck K. , Eden L. , "Government corruption and the entry strategies of multinationals", *Academy of Management Review*, Vol. 30, No. 2, 2005.

[237] Romo F. P. , Schwartz M. , "The structural embeddedness of business decisions: The migration of manufacturing plants in New York State, 1960 to 1985", *American Sociological Review*, Vol. 60, No. 6, 1995.

[238] Rowley T. , Behrens D. , Krackhardt D. , "Redundant governance structures: An analysis of structural and relational embeddedness in the steel and semiconductor industries", *Strategic Management Journal*, Vol. 21, No. 3, 2000.

[239] Rumelt R. P. , "Diversification strategy and profitability", *Strategic Management Journal*, Vol. 3, No. 4, 1982.

[240] Saegert S. , Winkel G. , "Social capital and the revitalization of New York City's distressed inner – city housing", *Housing Policy Debate*, Vol. 9, No. 1, 1998.

[241] Sahlman W. A. , *Some thoughts on business plans*, Harvard Business School Publ. , 1996.

[242] Schminke M. , "Considering the business in business ethics: An exploratory study of the influence of organizational size and structure on individual ethical predispositions", *Journal of Business Ethics*, Vol. 30, No. 4, 2001.

［243］ Schuler D. , *New community networks*: *Wired for change*, ACM Press/Addison – Wesley Publishing Co. , 1996.

［244］ Schuler D. A. , Rehbein K. , Cramer R. D. , "Pursuing strategic advantage through political means: A multivariate approach", *A-cademy of Management Journal*, Vol. 45 , No. 4 , 2002.

［245］ Scott K. J. A. , *Dynamic patterns*: *The self – organization of brain and behavior*, Thousand Oaks, CA: Sage, 1999.

［246］ Scott W. R. , *Institutions and organizations*: *Ideas, interests, and identities*, Sage Publications, 2008.

［247］ Scott W. R. , *Institutions and organizations. thousand*, Thousand Oaks, CA: Sage, 1995.

［248］ Scott W. R. , Meyer J. W. , *The organization of societal sectors*, Beverly Hills, CA: Sage, 1983.

［249］ Sexton D. , Bowman – Upton N. , *Entrepreneurship*: *Creativity and Growth*, Macmillan: New York, 1991.

［250］ Shane Scott A. , Venkataraman S. , "The promise of entrepreneurship as a field of research", *Academy of Management Review*, Vol. 25 , No. 1 , 2000.

［251］ Shane Scott A. , "Hybrid organizational arrangements and their implications for firm growth and survival: A study of new franchisors", *Academy of Management Journal*, Vol. 39 , No. 1 , 1996.

［252］ Shane Scott A. , "Prior knowledge and the discovery of entrepreneurial opportunities", *Organization Science*, Vol. 11 , No. 4 , 1999.

［253］ Shapero A. , "The displaced, uncomfortable entrepreneur", *Psychology Today*, Vol. 9 , No. 6 , 1975.

［254］ Sheng S. , Zhou K. Z. , Li J. J. , "The effects of business and political ties on firm performance: Evidence from China", *Journal of*

Marketing, Vol. 75, No. 1, 2011.

[255] Shi W. S. , Sun S. L. , Peng M. W. , "Sub – National Institutional Contingencies, Network Positions, and IJV Partner Selection", *Journal of Management Studies*, Vol. 49, No. 7, 2012.

[256] Shinkle G. A. , Kriauciunas A. P. , "Institutions, size and age in transition economies: Implications for export growth", *Journal of International Business Studies*, Vol. 41, No. 2, 2010.

[257] Short J. C. , Ketchen D. J. , Shook C. L. , et al. , "The concept of 'opportunity' in entrepreneurship research: Past accomplishments and future challenges", *Journal of Management*, Vol. 36, No. 1, 2010.

[258] Simon H. A. , *Sciences of the artificial*, Cambridge, MA: M. I. T, Press, 1969.

[259] Sine W. D. , Mitsuhashi H. , Kirsch D. A. , "Revisiting burns and stalker: formal structure and new venture performance in e-merging economic sectors", *Academy of Management Journal*, Vol. 49, No. 1, 2006.

[260] Singh J. , "Performance productivity and quality of frontline employees in service organizations", *Journal of Marketing*, Vol. 64, No. 2, 2000.

[261] Singh R. P. , Hills G. E. , Lumpkin G. T. , *New venture ideas and entrepreneurial opportunities: Understanding the process of opportunity recognition*, 13th Annual Conference of the United States, 1999.

[262] Sirmon D. G. , Hitt M. A. , Ireland R. D. , "Managing firm resources in dynamic environments to create value: Looking inside the black box", *Academy of Management Review*, Vol. 32, No. 1, 2007.

[263] Slevin D. P. , Covin J. G. , "Strategy formation patterns, perform-

ance, and the significance of context", *Journal of Management*, Vol. 23, No. 2, 1997.

[264] Song Micheal, "Critical development activities for really new versus incremental products", *Journal of Product Innovation Management*, Vol. 15, No. 2, 1998.

[265] Stam W., Elfring T., "Entrepreneurial orientation and new venture performance: The moderating role of intra – and extraindustry social capital", *Academy of Management Journal*, Vol. 51, No. 1, 2008.

[266] Standifird S. S., "Using guanxi to establish corporate reputation in China", *Corporate Reputation Review*, Vol. 9, No. 3, 2006.

[267] Stevenson H. H., Gumpert D. E., "The heart of entrepreneurship", *Harvard Business*, Vol. 63, No. 2, 1985.

[268] Stevenson H. H., Roberts M., Grousbck H. I., *New Business Ventures and the Entrepreneur*, Homewood, IL: Richard D., 1985.

[269] Suchman Mark C., "Managing legitimacy: strategic and institutional approaches", *Academy of Management Review*, Vol. 20, No. 3, 1995.

[270] Tan H. H., Tan M. L., "Organizational citizenship behavior and social Loafing: The role of personality, motives, and contextual factors", *The Journal of Psychology*, No. 142, 2008.

[271] Tan Justin, Litsschert R. J., "Environment – strategy relationship and its performance implications: An empirical study of the chinese electronics industry", *Strategic Management Journal*, Vol. 15, No. 1, 1994.

[272] Timmons J. A., Smollen L. E., *New Venture Creation Irwin*, Burr Ridge, IL, 1994.

[273] Timmons J. A., Spinelli S., *New venture creation: Entrepreneur-*

ship for the 21*st century*, IL: University of Benedictine, 1999.

[274] Tsang Eric W. K., "A longitudinal study of corporate social repor-ting in Singapore: the case of the banking, food and beverages and hotel industries", *Accounting, Auditing & Accountability Jour-nal*, Vol. 11, No. 5, 1998.

[275] Tsui A. S., Farh J. L. L., "Where Guanxi Matters Relational De-mography and Guanxi in the Chinese Context", *Work and Occupa-tions*, Vol. 24, No. 1, 1997.

[276] Tushman Mark L., Anderson P., "Technological discontinuities and organizational environments", *Administrative Science Quarter-ly*, Vol. 31, No. 3, 1986.

[277] Utterback J. M., Abernathy W. J., "A dynamic model of process and product innovation", *Omega*, Vol. 3, No. 6, 1975.

[278] Venkatraman N., "Strategic orientation of business enterprises: The construct, dimensionality, and measurement", *Management Science*, Vol. 35, No. 8, 1989.

[279] Veryzer V. J., Robert W., "Discontinuous innovation and the new product development process", *Journal of Product Innovation Managemnt*, Vol. 15, No. 4, 1998.

[280] Walder Andrew G., *Communist neo – traditionalism: Work and authority in Chinese industry*, University of California Press, 1986.

[281] Walder Andrew G., "Local governments as industrial firms: an organizational analysis of China's transitional economy", *Ameri-can Journal of sociology*, Vol. 101, No. 2, 1995.

[282] Walker G., Kogut B., Shan W., "Social capital, structural holes and the formation of an industry network", *Organization Sci-ence*, Vol. 8, No. 2, 1997.

[283] Warren D. E., Dunfee T. W., Li N., "Social exchange in Chi-

na: The double – edged sword of guanxi", *Journal of Business Ethics*, Vol. 55, No. 4, 2004.

[284] Wegloop P. , "Linking firm strategy and government action: Towards a resource – based perspective on innovation and technology policy", *Technology in Society*, Vol. 17, No. 4, 1995.

[285] Wellman B. , "The community question re – evaluated", *Power, Community and the City*, No. 165, 1988.

[286] Wernerfelt B. , "A resource – based view of the firm", *Strategic Management Journal*, Vol. 5, No. 2, 1984.

[287] Williamson O. E. , *Markets and hierarchies*, New Yor: The Free Press, 1975.

[288] Williamson O. E. , *The economicinstitutions of capitalism*, New York: The Free Press, 1985.

[289] Winslow E. K. , Solomon G. T. , "Entrepreneurs: architects of innovation, paradigm pioneers and change", *The Journal of Creative Behavior*, Vol. 27, No. 2, 1993.

[290] Woolcock M. , "Social capital and economic development: Toward a theoretical synthesis and policy framework", *Theory and Society*, Vol. 27, No. 2, 1998.

[291] Wright M. , Filatotchev I. , Hoskisson R. E. , et al. , "Strategy Research in Emerging Economies: Challenging the Conventional Wisdom", *Journal of Management Studies*, Vol. 42, No. 1, 2005.

[292] Wu Leiyu, "Entrepreneurial resources, dynamic capabilities and start – up performance of Taiwan's high – tech firms ", *Journal of Business Research*, Vol. 60, 2007.

[293] Xin K. K. , Pearce J. L. , "Guanxi: Connections as substitutes for formal institutional support", *Academy of Management Journal*, Vol. 39, No. 6, 1996.

[294] Yamakawa Y. , Peng M. W. , Deeds D. L. , "What drives new ventures to internationalize from emerging to developed economies?", *Entrepreneurship Theory and Practice*, Vol. 32, No. 1, 2008.

[295] Yang M. M. , *Gifts, favors, and banquets: The art of social relationships in China*, Cornell University Press, 1994.

[296] Yeung Irene Y. M. , Tung R. L. , "Achieving business success in Confucian societies: The importance of 'guanxi' (connections)", *Organizational Dynamics*, Vol. 25, No. 2, 1996.

[297] Zacharakis A. L. , McMullen J. S. , Shepherd D. A. , "Venture capitalists' decision policies across three countries: an institutional theory perspective", *Journal of International Business Studies*, Vol. 38, No. 5, 2007.

[298] Zhang Shujun, Li X. , "Managerial ties, firm resources, and performance of cluster firms", *Asia Pacific Journal of Management*, Vol. 25, No. 4, 2008.

[299] Zhao Liming, Aram J. D. , "Networking and growth of young technology – intensive ventures in China", *Journal of Business Venturing*, Vol. 10, No. 5, 1995.

[300] Zhou Kevin Z. , Li J. J. , Zhou N. , et al. , "Market orientation, job satisfaction, product quality, and firm performance: evidence from China", *Strategic Management Journal*, Vol. 29, No. 9, 2008.

[301] Zhou Kevin Z. , Poppo L. , Yang Z. , "Relational ties or customized contracts? An examination of alternative governance choices in China", *Journal of International Business Studies*, Vol. 39, No. 3, 2008.

[302] Zucker Lynne G. , *Where do institutional patterns come from? Organizations as actors in social systems*, Cambridge, Mass: Ball-

inger, 1988.

[303] Zucker Lynne G. , "Institutional theories of organization" , *Annual Review of Sociology* , No. 13 , 1987.